Karawane des Grauens

Wem Gott ein Amt gibt, dem gibt er auch Verstand. Nur werden die Ämter leider nicht von Gott vergeben.

Gerhard Uhlenbruck,
deutscher Immunbiologe und Aphoristiker (geb. 1929)

Wolfgang A. Gogolin

Karawane des Grauens

Alle Rechte beim Autoren
Herstellung: Books on Demand GmbH, Norderstedt
ISBN 3-8311-4020-0

Vorwort

Beamtenwitze kennt jeder. Und jeder meint, sie hätten auch ihre Berechtigung, schließlich hat jeder schon einmal einen Beamten mit Kaffeebecher oder ohne erkennbare Tätigkeit gesehen. Während außerhalb des öffentlichen Dienstes natürlich niemals irgend etwas während der Arbeitszeit getrunken wird. Zum Beispiel auf Baustellen.

Dabei geschehen in Behörden viel skurrilere und ungewöhnlichere Dinge, gibt es Momente hilfloser Fassungslosigkeit. Zunächst sollte dieses Büchlein eine Reportage werden. Dann ein Tatsachenroman. Leider waren die vielen Ereignisse derart gespenstisch, dass kein einigermaßen vernunftbegabter Leser sie geglaubt hätte. Vom Verleger ganz zu schweigen.

Ich wurde schon mit zweifelnden Blicken bedacht, wenn ich die eine Anekdote oder die andere traurige Geschichte in der Kneipe beim Bier zum Besten gab. Jetzt übertreibt er aber wirklich, sagten diese Blicke einhellig, er sollte uns nicht zum Narren halten und auch nicht soviel trinken.

Irgendwie waren alle der Meinung, das könne alles gar nicht stimmen, denn "bei der Behörde" gäbe es so etwas wie eine, wenn auch verschlafene, träge, aber doch irgendwie noch vorhandene Ordnung. So wie Flüsse gen Meer fließen und die Kompassnadel immer nach Norden weist.

Sehr viele amüsante und weniger amüsante Geschichten mussten daher unerzählt bleiben, ich wollte ja nicht als unverbesserlicher Trinker oder halluzinierender Fieberkranker gelten. Weil ich sie trotz allem berichtenswert fand und um sie trotz aller Glaubwürdigkeitsdefizite für die Nachwelt zu erhalten, habe ich viele Sottisen zu einem kleinen, holprigen Patchwork-Roman ohne Wohlfühlgarantie verwoben. Angehörige des öffentlichen Dienstes werden vielleicht einige Stereotypen und einiges zum Schmunzeln wiedererkennen. Nicht-Beamte werden feststellen, dass sie mit ihren Beamtenwitzen schon wegen eines Mangels an Insiderwissen danebenlagen, weil sie hoffnungslos untertrieben und die neuralgischen Punkte nicht kannten, über die einen Scherz zu machen wirklich gelohnt hätte. Auch wenn die Realität manchen Witz, aber auch manche Tragödie spielend in den Schatten zu stellen vermag.

Wolfgang A. Gogolin im Juli 2002

1

"Der Unterschied zwischen Anpassertum und gesunder Annäherung an die Realitäten und Sachzwänge ist schließlich ein... äh... großer, meine lieben Kolleginnen und Kollegen!", mit zu vielen solcher Sentenzen langweilte der in einen engen, hellgrauen Zweireiher gewandete Gewerkschaftsmensch seine für ihn überraschend zahlreichen Zuhörer.

Es waren allesamt Beamte der Hamburger Finanzverwaltung, und wie jedes Jahr hatten sie sich erhofft, ein paar Stunden Anwesenheit bei der Personalversammlung könnten erquicklicher sein als der triste Büroalltag mit aufmüpfigen Bürgern, anstrengenden Vorgesetzten oder anderer, womöglich noch aufreibenderer Fronarbeit. Und wie jedes Jahr hatten sie sich geirrt, die gezielt erregten Reden vorn am Pult waren noch öder und einschläfernder als in den vergangenen Jahren, die eine oder andere Aktenbearbeitung wäre vielleicht doch interessanter gewesen.

Aber keineswegs alle wollten sich nur vor schier unzumutbarer Arbeit drücken. Ulrich Zeik, seines Zeichens neuer und dennoch schon sehr umstrittener Leiter des ,Hamburger Amtes für Wegebau und Entwässerung', hatte ein völlig anderes Ziel: Karriere. Schnelle, steile Karriere.

Er wusste, dass an ein berufliches Fortkommen ohne gewerkschaftliche Unterstützung nicht zu denken sein würde. Also heuchelte er zumindest gelegentlich Interesse. Heute war so eine schöne Gelegenheit. Er achtete darauf, gesehen zu werden, scherzte ausgiebig mit wohl wichtigen Gewerkschaftsfunktionären, die ihm eines Tages vielleicht nützlich sein könnten. Oder die er wenigstens nicht zu ernsthaften oder gefährlichen Gegnern haben wollte.

Ulrich Zeik liebte andererseits auch die glänzende Kontrollmöglichkeit, die diese Veranstaltung ihm bot. Denn hier konnte er in aller Ruhe feststellen, welche seiner Untergebenen tatsächlich zur Versammlung gekommen waren und welche Drückeberger sich nur in die nahegelegene Kantine zum Kaffeetrinken abgesetzt hatten. Das trauten sich allerdings nur die wenigsten und abgebrühtesten, denn man hatte Angst vor ihm, dem neuen Leiter mit einem Ruf wie Donnerhall. Dem Ruf eines zupackenden Aufräumers, mit dem man sich besser nicht anlegte, war einem ein halbwegs auskömmliches Arbeitsleben mit Pensionsanspruch lieb.

Die deutlich sichtbare Furcht der Menschen war außerordentlich wichtig für Ulrich Zeik, denn er war selbst ein angstgepeinigter und tief verunsicherter Zeitgenosse, dem das unübersehbare Zurückzucken der anderen Menschen, ihre offenbare Angst vor ihm, etwas wie Sicherheit gab. Und sie waren auch heute zurückgezuckt und hatten Angst, fast alle kleinen Geister waren hier erschienen. Sogar die dicke Frauenbeauftragte in der zweiten Sitzreihe knabberte geräuschvoll an einem Erdnussriegel. Nur Hans-Peter Hartleben war nicht zu entdecken, das war ungewöhnlich, denn der war eigentlich zu feige für offenes Drückebergertum.

Zeik ließ den Blick kaum interessiert suchend in die Runde schweifen. Hans-Peter Hartleben, wie üblich völlig ungekämmt und jetzt auch noch mit völlig wirrem Blick, tippte ihm in diesem Moment aufgeregt und doch unterwürfig von hinten auf die Schulter, wisperte dabei aufgeregt mit leicht überschlagender Stimme Unverständliches.

"Nun, Herr Hartleben, setzen sie sich zu mir, ich habe sie hier schon die ganze Zeit vergeblich vermisst!", gab sich Ulrich Zeik jovial und freute sich insgeheim, seinen bislang nicht wirklich entbehrten Mitarbeiter wieder einmal unauffällig etwas unter Druck gesetzt zu haben. Mit dem Hartleben konnte man alles machen, ein angepasster Versager, ein Spieler, der nach seinem Scheitern in anderen Behörden nun in seinem ‚Amt für Wegebau und Entwässerung' wenig geachtet vor sich hin dilettierte, überlegte Zeik. Vielleicht irgendwann ein nützlicher Idiot für mich, eine Schachfigur im Bauernrang, allemal ein brauchbarer Handlanger.

Hartleben stotterte etwas von Heike Fahrenkrug. Ja, Heike Fahrenkrug, rekapitulierte Zeik, die war ein sehr schwieriger Mensch, schwer zu durchschauen, schwer zu lenken. Fachlich zwar gut und untadelig, aber immer mit einem eigenem Kopf, der zudem noch mit üppigen roten Haaren bedeckt war.

Das hat man in der Tat selten, dachte sich Ulrich Zeik, Rothaarige haben meist eher dünnes, spiddeliges Haar. Vielleicht doch nur gefärbt. Feuerköpfchen wurde sie wegen der auffälligen Haarpracht, nicht wegen ihres Wesens liebevoll von den meisten Kollegen genannt. Auch wenn sie eher geschätzt als geliebt wurde. Für ihn war sie nur ‚Frau Fahrenkrug', sie kuschte nicht vor ihm und schien zuweilen über seinen gewollt autoritären Führungsstil sogar amüsiert zu schmunzeln.

Ansonsten war sie ein introvertierter, zurückhaltender Mensch, der nicht gern stritt und persönliche Probleme lieber in sich hineinfraß, ohne jedoch dabei an Körpergewicht zu gewinnen.

Mit solchen, in seinen Augen schwierigen Frauen konnte er nicht warm werden. Er hatte dafür gesorgt, dass sie einen möglichst weit entfernten Arbeitsplatz außerhalb seines Dunstkreises bekam.

Überhaupt, Frauen...

"...und die Polizei ist da, wird vielleicht Selbstmord sein...", Hans-Peter Hartlebens Gestammel brachte Ulrich Zeik wieder in die Realität zurück. "Was erzählen Sie da? Haben Sie getrunken? Nun noch einmal in Ruhe und ganz von vorne!" Zeik war jetzt ehrlich überrascht.

Doch entgegen seiner sonst eher zurückhaltenden, duckmäuserischen Art zerrte Hartleben ihn am Arm unsanft in Richtung Ausgang, von neugierigen Blicken der Umsitzenden verfolgt.

Endlich schien es Interessanteres zu geben als das Gemeinsam-Sind-Wir-Stark-Gerede der mit nur wenigen Stimmen gewählten Interessenvertreter. Dem Gewerkschaftsmenschen am Pult war sofort klar, dass die Aufregung im Saal nicht seiner lange vorgefertigten Rede zum Thema ‚Arbeitnehmerrechte in Zeiten der Informationstechnologie" zuzuschreiben sein konnte, so unterbrach er seinen wenig prickelnden Vortrag mit einem fragenden Blick auf Ulrich Zeik. Statt einer Antwort schenkte der ihm aber nur sein schönstes Ich-Bin-Wichtig-Und-Unentbehrlich-Lächeln, wie er es mal bei zweitrangigen Lokalpolitikern im Wahlkampf abgeguckt hatte und entschwand ohne weitere Erklärungen mit Hans-Peter Hartleben.

"Mitarbeiterförderung heißt natürlich in erster Linie Frauenförderung!", nahm der Gewerkschaftsmensch mit beifallheischendem Blick auf die noch immer am Erdnussriegel knuspernde Frauenbeauftragte seinen Faden wieder auf.

2

Ulrich Zeik war unbeliebt, die Mitarbeiter fühlten sich wie zu Unrecht lebenslang gestrafte Galeerensträflinge, und das hatte er genauso geplant und gewollt. Mit sich selbst als unerbittlichem Trommler zur unerbittlichen Erhöhung der Schlagzahl. Menschen, die fröhlich waren oder lachten, arbeiteten in seinen Augen nicht, wie sie sollten und machten ihn sehr misstrauisch, weil er befürchtete, dass über ihn selbst und seine Schwächen gelacht werden könnte. Zeik selbst lachte auch nur selten, und wenn, dann aus echter Schadenfreude oder über einen unverdienten, leichten Sieg.

Er hatte eine tief empfundene Furcht vor anderen Menschen, vor allen anderen Menschen, schon immer gehabt, auch in seiner Nürnberger Schulzeit als kleiner Junge in kurzen, speckigen Lederhosen.

Insbesondere bereiteten ihm Mädchen und Frauen fast panikartige Angstgefühle. Frauen wollten ihn bloß einwickeln, um dann seine Gefühle zu verletzen und seine Abhängigkeit auszunutzen. Überhaupt: Gefühle! Was für ein unnötiger, unergiebiger und vor allem unberechenbarer Unsinn!

Sein Vater hatte wie so oft recht gehabt – Gefühle sollte man besser gar nicht erst entwickeln. Und wenn man schon solche unerwünschten Gefühle hatte, sollte man sie tunlichst niemandem zeigen, denn sie waren ein Zeichen von Schwäche und konnten in schlimmer Weise missbraucht werden.

Seine zu Sentimentalitäten neigende Mutter schien das weit differenzierter zu sehen, denn beim Aufkommen gefühlslastiger Themen lächelte sie immer etwas verloren in sich hinein. Aber Frauen waren eben anders. Zeik glaubte seinem Erzeuger.

Er hatte das ja auch erlebt, als ihn seine erste, heiß geliebte Freundin verließ, nur weil sie einen anderen kennengelernt hatte, die Undankbare. Dabei hatte er sich Vaters Ratschlag folgend jede nur denkbare Mühe gegeben, ihr gegenüber seine Gefühle mit aller Kraft zu verheimlichen. Es war natürlich schwierig gewesen, sie lustvoll in die Arme schließen zu wollen und ihr gleichzeitig zu verdeutlichen, wie ausgesprochen gleichgültig und unwichtig sie ihm doch war. Das Unmögliche war immer denkbar und das Denkbare immer möglich. Dennoch schien sie seine Gefühle durchschaut zu haben, das gefiel Zeik nicht sonderlich. Und er wehrte sich gegen seine Gefühle und gegen seine Freundin, bis diese ihn ob der unergiebigen Kämpfe entkräftet verließ.

Ihm schien es wie Hohn, wenn sie nach dem zwangsläufigen, für ihn sehr schmerzreichen Schlussstrich immer wieder beteuerte, dass es auch ihr nicht gut ginge und sie ebenfalls sehr unter der Situation leiden würde, ihn ja auch nicht ganz verlieren wolle. Und dann den anderen, einen gefühlduseligen, weichen Frauenversteher-Typen mit treuherzigem Dackelblick, schnell heiratete und reich bekinderte.

Vor einem halben Jahr hatte Ulrich Zeik eine wohl ganz nette und patente, gepflegte Frau aus dem mehr als umfangreichen Heiratsmarkt des Hamburger Abendblattes geheiratet. Allerdings die zweite Garnitur. Wirklich gepflegt und adrett, aber nichts fürs Herz und noch weniger fürs Bett. Aber er gab ihr einige Pluspunkte für die Leistungen in Küche und Haushalt. Und vorzeigbar bei Nachbarn und vielleicht Vorgesetzten, wenn es einmal erforderlich werden sollte, war sie allemal. Wie sie umgekehrt ihn bewertete und empfand, war für Zeik bestenfalls zweitrangig, schließlich war er der Mann im Haus und der Entscheidungsträger, wie schon im Job.

Natürlich war eine Kontaktanzeige in einer großen Tageszeitung für einen Mann wie Zeik, der das eigentlich nicht nötig zu haben meinte, enorm peinlich und entwürdigend, aber es wusste ja niemand weiter davon, hoffte er im Stillen. Und falls doch, hätte er mit fester Stimme behauptet, seine enorme dienstliche Belastung und normales Kennenlernen einer Partnerin würden sich ausschließen. Und er würde mit bedeutungsvoller Miene hinzugefügt haben, dass seine kulturellen und intellektuellen Ansprüche an eine Frau dermaßen hoch seien, dass er eine geeignete Kandidatin kaum bei Tanztee und Beatmusik an einem Samstagnachmittag hätte finden können.

Üblicherweise sollte man für den beruflichen Erfolg eine Frau präsentieren können, noch besser wären ein oder zwei goldige Kinder, man sollte als flexibler Aufsteiger, nicht als kleiner Versager dastehen oder gar als warmer Bruder gelten. Zeik jedenfalls wollte das auf keinen Fall. Er meinte, starken allgemeinen und gesellschaftlichen Druck zu verspüren, der eine baldige Heirat, mit wem auch immer, unumgänglich machte.

Er liebte seine Frau überhaupt nicht, was auch nur unnötigen Gefühlsaufwand und womöglich tiefschürfende, unsachliche Gespräche bedeutet hätte. Aber sie sah ganz passabel aus, war meist ruhig und offenbar ohne große eigene Wünsche. Frau Zeik kochte oft deftige Fleischgerichte mit vielen Salzkartoffeln in brauner Mehlsoße und brachte einen großen, dunkelgrauen Hund mit unterschiedlich großen Schlappohren in die Ehe und in den gemeinsamen Haushalt. Eigentlich war ihm der Hund wegen seiner guten Berechenbarkeit lieber als die Frau. Was konnte man mehr von einem erfüllten Leben erwarten?

Ulrich Zeik wollte mehr, er wollte richtig reich werden, er wollte Karriere machen, in erster Linie wollte er die seit je her vermisste Anerkennung und mit ihr seinen schmerzend fehlenden Seelenfrieden finden. Er wusste nicht und wollte wohl auch nicht wissen, dass Zufriedenheit mit dynamischem beruflichem Aufstieg oder zweifelhafter Anerkennung durch noch so bedeutende Vorgesetzte nicht zu erreichen sein würde. Das Glück würde erst nach der nächsthöheren Gehaltsstufe auf ihn warten, war seine Vermutung. Oder dem nächstgrößeren Auto. Er wartete jedes Mal auf ein erhebendes Glücksgefühl, wenn er ein neues, teureres Fahrzeug gekauft hatte. Aber da wartete das Glück auch nicht, so dass seine Suche kein Ende finden sollte.

Ein nur geringfügig weiserer Mann als Ulrich Zeik würde sich mit so einer Zielsetzung nicht gerade für eine Tätigkeit im öffentlichen Dienst entschieden haben, aber nach einem sehr mühsamen Abitur auf dem zweiten Bildungsweg und einem unterdurchschnittlich beendeten Studium der Betriebswirtschaft war die Auswahl an aussichtsreichen Jobs mit Zukunft nicht eben groß für einen wie ihn. Die jüngere Konkurrenz hingegen war gut ausgebildet, zahlreich und hungrig.

Der Zufall wollte es aber, dass sich gerade jetzt in den öffentlichen Ämtern und Dienststuben so etwas wie eine echte Zeitenwende zu seinen Gunsten anbahnte. Behörden wollten nicht mehr nur verstaubte, langweilige Ämter sein, nein, sie wollten dynamische ‚Dienstleistungszentren' und hochflexible ‚Leistungserbringer' für die angeblich mündigen und ungeduldig nach solchen Dienstleistungszentren dürstenden Bürger werden. Zum Amtsleiter im Amt für Wegebau und Entwässerung Hamburg wollte man diesmal daher konsequenterweise keinen altgedienten, auf dem Dienstweg gelangweilt ergrauten Beamten, sondern einen studierten, weltläufigen

Wirtschaftsfachmann küren. Einen mit Erfahrung von ‚draußen', der frischen Wind durch altertümliche Amtstuben mit ihren antiquierten Vorschriften wehen lassen würde, ohne Rücksicht auf Parteienproporz oder Gewerkschaftsgezänk. Diese Qualifikation, zwar studiert, wenn auch nicht weltläufig, brachte Zeik zu seinem Glück als einziger mit und bekam nach dem wie gewöhnlich langen Geschacher den Posten gegen elf andere Bewerber, denen er fachlich nicht das Wasser zu reichen vermochte.

Menschlich wohl auch nicht.

Das erfüllte seine Brust mit Stolz.

Aber auch mit riesengroßer Angst, denn tatsächlich hatte er nicht den blassesten Schimmer, womit sich das Amt für Wegebau und Entwässerung Hamburg eigentlich genau beschäftigte und wozu es einen Leiter benötigte. Bei den Bewerbungsgesprächen war es ihm mit der ausführlichen Darstellung liberaler Wirtschaftstheorien gelungen, sein krasses Unwissen großenteils zu verbergen und sogar als für einen strahlenden Neubeginn wünschenswerten Vorteil zu verkaufen.

In seinem Nürnberger Heimatort hatte er davon nie etwas gehört, die Thematik schien auch nicht sonderlich interessant oder weltbewegend zu sein. Schon mit ihrem Sprachgebrauch, stellte er erstaunt fest, waren die Hamburger in seinen Augen und Ohren seltsam, denn ihr gebrauchtes Wasser entsorgten sie in Siele, während man in Bayern dafür Kanäle verwendete. In beiden Fällen waren aber nur dicke Rohre unter den Strassen gemeint. Entwässerung hörte sich nicht gerade nach Dynamik oder Aufstieg an, im Gegenteil.

Er hatte nur dem Konvolut von vorab verteilten, auf hellgrauem Umweltschutzpapier gedruckten Bewerbungsunterlagen entnommen, dass sich die Freie und Hansestadt Hamburg einen Großteil der Kosten für den Bau von Straßen und für die Trockenlegung des Geländes von den Anwohnern eben dieser Straßen erstatten ließ. Und zur Bewältigung der wartenden Aufgaben einen tatkräftigen Chef suchte. Gefordert wurde vom neuen Leiter die Bereitschaft, sich in schwierige Materie einzuarbeiten, Teamfähigkeit, Führungsqualitäten, korrektes Verhalten gegenüber dem Bürger, eigentlich alles, was in jeder beliebigen Stellenausschreibung einer Behörde schon von einer schlechtbezahlten Schreibkraft gefordert wird.

Entsprechend vage und von keiner Sachkenntnis getrübt war kurz nach erfolgter Amtseinführung auch seine Antrittsrede vor den neuen, erwartungsbangen und altgedienten Kollegen ausgefallen:

Er hatte schwadroniert, der Einzelne müsse sich zu jeder Zeit daran messen lassen, was am Ende ‚hinten rauskommt', unnötige Nebenarbeiten und Schnörkel seien künftig wegzulassen. Wie in der erfolgreichen freien Wirtschaft müsse unverzüglich möglichst viel Geld hereingeholt werden, Leistung solle sich wieder lohnen. Und er kündigte ein angeblich brandneues, internes Steuerungsmodell an, mit stark verflachter Hierarchie und mehr Verantwortung für den einzelnen Beamten. Abteilungsleiter hießen ab sofort nicht mehr nur Abteilungsleiter, sondern wurden bedeutende *Controller*, ohne dass sich ihre Tätigkeit inhaltlich ändern sollte.

Sein dünnes, gleichsam nicht vorhandenes Hintergrundwissen hatte Zeik hinter martialischem Auftreten, großen Gesten und bärbeißigem Tonfall versteckt. Dennoch war zwischendurch einmal unwilliges Gemurmel und teilweise lautes Auflachen zu hören gewesen, denn bisher war niemandem aufgefallen, dass gerade die Dinge besonders wesentlich sein könnten, die ‚hinten rauskommen', weil es sich dabei oft um Stoffwechselendprodukte handelte. Die, wie aus der Müllwirtschaft bekannt war, auch nicht dadurch besser oder gar wertvoller wurden, dass man sie zu Wertstoffen umdeklarierte und schwungvollen Handel damit trieb.

In einer Leistungsgesellschaft wie der unseren, hatte Zeik in dozierendem Tonfall erläutert, hätte sich auch und gerade der öffentliche Dienst neuen Anforderungen zu stellen, es müsse Schluss sein mit Sozialklimbim wie Forderungen nach Humanisierung der Arbeitswelt und ähnlich sozialromantischen Vorstellungen, die allenfalls in historische Gartenlaube-Romane passten. Nicht aber in die heutige Zeit, auch vermeintlich Schwache sollten die Ärmel endlich aufkrempeln, in die Hände spucken und rasch die vor ihnen liegenden Aufgaben anpacken, damit es voranginge.

Damit und trotz des zwischenzeitlichen, ungewollten Lacherfolges war es ihm gelungen, seine neuen Untergebenen ernsthaft aufzuscheuchen, sie wirkten wie völlig erschreckte Kaninchen und sahen ihn mit großen, unsicheren Augen an. Angeblich schlafmützige Beamte sollten plötzlich arbeiten wie in einem Privatunternehmen und lohnen sollte sich Leistung auch noch? Und hinten sollte etwas herauskommen?

Sagen oder fragen mochte aber vor lauter Angst niemand etwas zu seinen nebulösen Anordnungen und viele Sachbearbeiter, die nun plötzlich dynamische Leistungsträger sein sollten, versuchten trotz großer, tiefsitzender Zweifel ernstlich, möglichst viel Geld in möglichst kurzer Zeit hereinzuholen, zum Wohle von Zeiks Karriere und hoffentlich auch der eigenen.

Beim Gedanken daran rieb sich Ulrich Zeik zufrieden die Hände, bis sie angenehm warm waren.

Nur diese komische und eigensinnige Heike Fahrenkrug war anders. Sie war einen Tag nach seiner Antrittsrede in seinem Büro erschienen und hatte etwas von oben herab gefragt, welche seiner Ansicht nach unnötigen Nebenarbeiten und Schnörkel sie denn jetzt im Einzelnen bitteschön weglassen solle?

Er hatte mangels Fachkenntnis keine Antwort gewusst und sie schnell mit enorm wichtigem Gesicht, dürren Allgemeinplätzen und Fachbegriffen wie *Job-Enrichment* und *Budgetierung* abgespeist. Wobei er den Ausdruck *Job-Enrichment* besonders reizvoll fand, weil er aussagen sollte, dass die jeweilige Tätigkeit durch Implementierung von anspruchsvollen Aufgaben interessanter und reizvoller werden sollte. Aber tatsächlich bedeutete er nur mehr Arbeit und mehr Verantwortung ohne angemessen höheres Entgelt. *Budgetierung* war auch so eine nette Idee. Danach sollten Ämter einen Teil der erwirtschafteten Einnahmen selbst verwalten können, beispielsweise für Büromaterial, Faxgeräte oder neue Ausstattung der Räume. Aber mehr als eine wohlklingende Idee und ein moderner Begriff ohne Substanz war es eben nicht.

Und Frau Fahrenkrug schmunzelte nach seinen Ausführungen ein widerlich wissendes und arrogantes Schmunzeln, wie ihm schien. Überhaupt nicht ein bisschen teamfähig, dachte er angewidert, die würde ich nicht einmal im Notfall als Ersatzschreibkraft im einfachen Dienst einstellen. Er fühlte sich ertappt, beinahe entblößt vor dieser rothaarigen Frau, die seine Unkenntnis und verborgene Unsicherheit mit einem einzigen Blick zu erfassen schien und das auch noch unverhohlen amüsant fand. Wenn andere seine Schwächen kannten oder ahnten, oder das für ihn auch nur nicht zur Gänze auszuschließen war, konnte er damit nicht umgehen. Dabei wurden schwache Menschen allgemein lieber gemocht als starke, man musste Schwache nicht fürchten und dem Bedürfnis nach innerer Sicherheit wurde Genüge getan.

Selbst seiner eigenen Mutter konnte er nicht verzeihen, dass sie ihn soweit kannte, wie eine normale Mutter eben ihr eigenes Kind kennen kann. Dass sie ihn gern, wenn Nachbarinnen zum Sonntag-Nach-mittag-Kaffee hereinschauten, an seine frühkind-lichen Unzulänglichkeiten erinnerte und dann alle ihren Spaß hatten und lachten. Weil er bis zum sechsten Lebensjahr wie einst der römische Kaiser Cäsar von sich selbst immer in der dritten Person gesprochen und sich zudem den ungewöhnlichen Namen ‚Butzi' gegeben hatte. Butzi hat Hunger, hatte er gesagt, Butzi will mit Ball spielen, hahaha!

Nur der kleine, gedemütigte Ulrich lachte nicht mit, er saß dann nur hilflos mit roten Ohren da, konnte der prekären Situation nicht entfliehen und wünschte sich, nicht auf der Welt zu sein. Und ver-gaß trotz genauer Anweisung, ‚Nein, danke' zu sagen, wenn er gesättigt war. Unbekümmert ließ er statt dessen wissen, wenn er nur noch ein einziges Stückchen Kuchen essen würde, müsse er sich sofort erbrechen. Unmut löste er auch aus, wenn er nichts mehr trinken mochte. Für diesen Zustand hatte er, weil die deutsche Sprache kein Wort für ‚genug getrunken' kennt, den bildhaften Ausdruck ‚strull' geprägt. Sobald er in Gegenwart der Nachba-rinnen erwähnte, er sei nunmehr wirklich ‚satt und strull', zog er strafend-erziehende Blicke auf sich und musste weitere, peinliche Geschichten wegen seiner vorlauten Ungezogenheit ertragen.

Dabei hatte jedes Kind erst lernen müssen, aufs Töpfchen zu gehen, nicht das gesamte Babyöl auf dem Teppich zu verstreichen, nicht die Gardinen und Tuben im Badezimmer mit der Nagelschere zu bearbeiten. Aber wenn seine Mutter in die ‚Weißt-Du-Noch-Phase' verfiel und zwar eigentlich normale, aber doch für ihn peinliche Erinnerungen aus ihrem leider glänzenden Gedächtnis hervorkramte und als Witz beim Kaffee zum besten gab, fühlte er sich seiner Ehre vollends beraubt und hätte sie am liebsten erwürgt. Er wusste auch nicht, weshalb die Fahrenkrug ihn so sehr an seine Mutter erinnerte und er sich gerade in ihrer Nähe immer unwohl und wie ein bettnässender Sünder ertappt fühlte.

Seine Mutter war gar nicht rothaarig.

3

Hartlebens eigentümliches Gebrabbel entsprang keineswegs einer alkoholbedingten Umnebelung, es warteten tatsächlich schon zwei zivil gekleidete Polizeibeamte ungeduldig vor Zeiks sorgsam verschlossenen Zimmer, das links neben dem blauen Türrahmen ein mittelgroßes, rechteckiges Schild mit der vierzeiligen Aufschrift ‚Amt für Wegebau und Entwässerung' , 171' ‚Leiter' und ‚Herr Zeik' zierte. Unspektakulär, aber immer aufs Neue unglaublich selbstbewusstseinsfördernd für den neuen Chef.

"Danke, Herr Hartleben, Sie können nun wieder an ihre Arbeit gehen, vielleicht machen sie eben noch ein paar Berechnungen und geben viele Bescheide zur Post? Sie wissen ja, wir werden an unseren Zahlen gemessen und brauchen viel Geld! Dankeee!" mit diesen Worten verabschiedete Zeik seinen verdutzten Untergebenen, der sich mit einem erschrockenen Gesicht, dessen Farbe nun an schmutzig-weißes, unreines Wachs erinnerte, widerstrebend entfernte. Allerdings dachte Hans-Peter Hartleben nicht im Traum daran, die geforderten Bescheide zu fertigen, sondern machte sich auf den Weg, nach und nach die anderen Kollegen von den Neuigkeiten zu unterrichten. Vielleicht konnte er auch irgendwo einen Kaffee abstauben.

Den ungeduldig wartenden Beamten schloss Zeik die Tür zu seinem großen, hellen Chefzimmer auf, ging dann selbst voran und zeigte mit ausladender Geste auf die drei freien Stühle an einem Konferenztisch aus heller Holznachbildung, etwas abseits von seinem eigenen, gediegeneren Schreibtisch. "Nehmen Sie Platz, meine Herren, womit kann ich ihnen weiterhelfen? Leider ist meine Zeit wegen der vielen Arbeit hier knapp bemessen und sie holen mich aus einer wichtigen Besprechung, also, worum geht es denn? Wie ich höre, um eine ehemalige Kollegin? Sie hat sich hoffentlich nichts zuschulden kommen lassen..."

Umständlich hievten sich die zwei schon nicht mehr ganz jungen Polizisten auf die ungepolsterten, typischen Behördenstühle aus Holzimitat mit dünnen Metallbeinchen. Der kleinere der Beamten eröffnete Zeik mit wichtiger Miene, dass sie von der Mordkommission kämen, mit ihren Untersuchungen leider erst ganz am Anfang stünden und daher einige sachdienliche Auskünfte bräuchten.

Große Lust zu diesem Behördengang hatten sie wie jeder andere, der ein Amt aufsuchen soll, auch nicht, aber sie hofften auf eine schnelle Erledigung. Immerhin mussten sie nicht irgendwelchen bewaffneten Kriminellen hinterher jagen, sondern konnten sich mit gesetzten, ordentlichen und gesetzestreuen Beamten unterhalten. Die würden wissen, worauf es ankam. Mit denen konnte man von gleich zu gleich sprechen, weil man denselben Arbeitgeber hatte. Die beiden Polizeibeamten waren ein lange eingespieltes Team, beide waren gestandene Familienväter und gingen in ihrem Job Risiken möglichst weiträumig aus dem Weg. Für gewöhnlich spielten sie die Nummer ‚guter Polizist – böser Polizist', bei der einer die zweifelhafte Kundschaft überhart und fast brutal anging, der andere seinen Kollegen jedoch scheinbar zurechtwies, sich so das verängstigte Befragungsopfer zum Freund und damit auskunftswillig machte. Eine uralte, aber immer noch erstaunlich erfolgreiche Masche, auf die sie im Amt für Wegebau aber zu verzichten können glaubten. Warum sollte eine Krähe der anderen ein Auge aushacken, wie es in bösen Vorurteilen immer hieß?

"Das heißt natürlich noch überhaupt nichts, aber wir haben heute früh eine Kollegin von ihnen in ihrer Wohnung tot aufgefunden", erläuterte der kleine Polizist in salbungsvollem Ton. "In meiner Wohnung?", fragte Zeik sehr heftig und erschrocken nach. "Neinnein!", grinste der Polizist, " Frau Fahrenkrug wurde natürlich in ihrer eigenen Wohnung entdeckt. Da die Todesumstände unklar sind, hätten wir von ihnen gern Einzelheiten zur Person von Frau Fahrenkrug gehört. Zwar gab es keine Einbruchsspuren oder Anzeichen eines Gewaltdeliktes, aber sie lag tot im Wohnzimmer, vor ihrem geöffneten Minitresor, aus dem wohl nichts fehlt. Das prüfen wir noch. Hatte sie Feinde, war sie bei den Kollegen unbeliebt, gibt es sonst etwas, das die Polizei wissen sollte? Nach dem letzten Betriebsausflug soll es zu unschönen Auseinandersetzungen gekommen sein, haben wir schon von ihrer Frauenbeauftragten gehört? Es gab wohl heftiges Gerangel wegen irgendwelcher Beförderungen?"

Zeik war nicht nur ein humorloser Mensch, er hatte auch immerzu Angst um seinen guten Ruf oder um das, was er dafür hielt. Und er selbst nannte ärgerlicherweise keinen Tresor sein eigen, obwohl schon die Erwähnung eines häuslichen Wandtresors sicher geldaristokratischen Eindruck machte. Er hätte auch nicht gewusst, was er darin lagern sollte. Die Heiratsurkunde etwa? Richtig, dachte er, der letzte Betriebsausflug, der entgegen allen tiefgesteckten Erwartungen doch eigentlich ganz nett endete...

4

Ulrich Zeik erinnerte sich mit zwiespältigen Gefühlen an den bemerkenswerten Betriebsausflug vor einigen Wochen. Schon wieder Gefühle. Schrecklich.

Kurz nach dem furiosem Amtsantritt mit seiner furchterregenden Einführungsrede hatte dieser Ausflug mit fast allen Kollegen stattgefunden, sogar die rothaarige Fahrenkrug war dabei.

Nach Zeiks Auffassung brauchte es keine solchen Gemeinschaftserlebnisse, schon gar nicht während der bezahlten Arbeitszeit. Sozialromantik.

Ärgerlicherweise war der Betriebsausflug schon vor einem halben Jahr von seinem Vorgänger geplant worden und leider nicht mehr zu verhindern gewesen, also stellte Zeik sich auf ein uneffektives, nervendes Ringelpietz-Mit-Anfassen, gegenseitige Kennenlernspiele und heftigen Alkoholkonsum ein.

Das mit dem Alkoholkonsum sollte sehr bald Wirklichkeit werden, was keine Überraschung sein konnte. Denn es wurde eine alte Brauerei in dem kleinen friesischen Städtchen Jever besichtigt, und natürlich wurde zum Abschluss der Besichtigung mit Führung ein frisches, kaltes Bier ausgeschenkt. Oder auch mehr als nur ein Bier. Zeik schmeckte dieses herbe Zeug aus dem Norden nicht, bayrisches Bier war doch erheblich gefälliger und süffiger und man konnte ohne Reue größere Mengen davon trinken. Am liebsten war ihm Weizenbier der Marke *Prinzregent Luitpold*, aber das war natürlich in Jever nirgendwo zu bekommen. Interessierten und weniger interessierten Menschen erläuterte Zeik immer gern in aller Breite, weshalb der Luitpold nur Prinzregent geworden war statt König. Da sich fast alle abwandten, wurde die Geschichte nur dem höflich lächelnden Brauereiführer erzählt:

"Der Luitpold war nur Prinzregent für seine Neffen Ludwig den Zweiten und Otto den Ersten", berichtete er eifrig in belehrendem Ton, " denn er war ja mit dem verrückten, später ertrunkenen oder ertränkten König, der auch das Schloss Linderhof bei uns in Bayern gebaut hat, nicht in gerader Linie verwandt. Und weil die bayrische Verfassung damals vorschrieb, dass nur ein Wittelsbacher König werden durfte, Luitpold aber nicht dem Hause Wittelsbach entstammte, konnte er leider nicht..."

Sein geduldiger, schon seit mehr als dreißig Jahren bei der Brauerei beschäftigter Zuhörer war zwar erstaunt, dass seine Hamburger Besucher nun wohl aus Bayern kamen, interessierte sich aber nur mäßig für Gedeih und Verderb des bayrischen Königshauses, prostete Zeik daher unvermittelt zu und beendete damit dessen Redeschwall.

Ringelpietz-Mit-Anfassen und gegenseitiges Kennenlernen hielten sich trotz vieler Bierrunden und bestem Wetter im Rahmen, denn offenbar hatten wirklich alle höllischen Respekt vor Zeik und wollten ihn doch lieber nicht näher kennenlernen. Was für ein Erfolg!

Alle hatten sie große Angst, bis auf Luise Lennart, eine Abteilungsleiterin. Schon auf der Hinfahrt im gemieteten Drei-Sterne-Bus setzte sie sich augenzwinkernd neben ihn, scherzte und kicherte viel, gab sich jungmädchenhaft-kokett und kannte keine Scheu. Schnell bemerkte Zeik eine gewisse, für ihn beruhigende Seelenverwandtschaft, denn wie er fühlte sie sich zu größerem berufen, als in einem kleinen Beamtenladen in unterer Ebene völlig verkannt zu versauern. Wie er selbst liebte sie die große, weite und aufregende Welt außerhalb von kleinlichen Gesetzen, Ausführungsvorschriften und fachlichen Weisungen.

Anders als er selbst hatte Luise Lennart jedoch auch im privaten Bereich beneidenswerterweise das richtig große Los gezogen, war mit dem ebenso berühmten wie erfolgreichen Schlagersänger Enno Meilen verheiratet.

"Das sollte aber jetzt noch nicht bekannt werden", flüsterte Luise Lennart ihm mit verschwörerischer Miene zu, "denn seine Ex-Frau ist noch nicht darüber hinweg und wir wollen sie nicht verletzen, indem wir das jetzt schon an die große Glocke hängen. Sie ist immer noch sehr unglücklich und stark depressiv wegen der Trennung. Aber besuchen sie uns doch mal in unserem Berliner Anwesen nach Ennos großer Deutschland-Tournee, wir würden uns sehr freuen!"

Jetzt war des gerne großen Ulrich Zeiks kleines Ego aber doch geschmeichelt.

Um selbst nicht gar zu winzig zu erscheinen, beschrieb er sein eigenes, kleines Reihenhäuschen, nur unweit östlich von Hamburg gelegen, als mittelgroßen Herrensitz mit prachtvollen Gartenanlagen, nur das Personal samt Pferdepflegerin sei so unzuverlässig, leistungsabstinent und unverschämt mit den absurd hohen Gehaltsforderungen. Luise Lennart sah das kopfnickend genauso und schien angetan von seiner lebendigen Schilderung, gab sich huldvoll und lächelte Zeik lieb an.

Sie berichtete völlig ungezwungen aus ihrem glanzvollen Leben:

Von persönlichem Engagement für notleidende und hungernde Obdachlose an den Wochenenden, von ihren großen Erfolgen im Amt, von den Riesensummen, die sie für die Stadt hereinhole und sie verwies auf den ebenso traurigen wie unverständlichen Umstand, dass man ihre Lebensleistung und auch ihre beruflichen Highlights nicht so recht anerkennen wolle.

Aus Missgunst. Aus schäbigen, niedrigsten Neidgefühlen heraus. Weil ihr eben im Leben alles einfach so gelinge. Bis auf einige bedauerliche Fehlgeburten.

"Kommt ,ne Frau beim Arzt, mit rieeesigen...", brüllte zwei Reihen hinter ihnen im Bus Hans-Peter Hartleben, um einen seiner gefürchteten, drittklassigen Scherze unterzubringen. Er kam nicht zum weitererzählen, denn sowohl Ulrich Zeik als auch die weiter vorn sitzende, Sahnebonbons lutschende Frauenbeauftragte Petra Sebmann-Wicht warfen ihm strafende Blicke zu, wie sie erdolchender kaum hätten sein können. So sparte sich Hartleben gedemütigt seinen am Vortag angelesenen Witz und biss missvergnügt in eine mitgebrachte, kalte Bockwurst. Er aß ohnehin selten etwas anderes, und sein Standardgetränk war das Symbolgetränk des amerikanischen Konsumimperialismus': Coca-Cola.

Selbst in der Brauerei hatte er Cola statt Bier getrunken, was den Brauerei-Führer zu der traurigen Bemerkung "Schade um den schönen Durst!" veranlasste.

Zeik hing weiter seinen Gedanken nach, hoffnungsvollen und zukunftsorientierten Gedanken.

Möglicherweise hatte er ja mit dieser Frau Lennart Glück, sie schien eine der wenigen vernünftigen, weitsichtigen Menschen mit großen Perspektiven in seinem bunt zusammengewürfelten Amt zu sein. Sie hatte Charakter und Stil. Und Kontakte. Ja, Kontakte waren wichtig, weit wichtiger als auswendig gelernte Fachkenntnisse.

Das ,Amt für Wegebau und Entwässerung Hamburg' war noch völlig neu, es setzte sich aus Mitarbeitern zusammen, die die gleiche Aufgabe vorher bereits in den kleinen Ortsämtern Hamburgs wahrgenommen hatten. Man nannte das Zentralisierung, die Maßnahme sollte der zügigen Effektivitätssteigerung dienen. Diese einzelnen Ämter waren – aus welchen Gründen auch immer - zu Abschiebestationen für Leute geworden, die man im Einwohneramt, Standesamt oder in der Personalabteilung nicht mehr haben wollte, und Beamte waren ja unkündbar. *Karawane des Grauens* hatten Beamte aus anderen Behörden den Umzug des Amt für Wegebau deswegen teils gehässig, teils neidvoll getauft. Aus verschiedenen Gründen war man die meisten Leute leid gewesen, manche waren oft krank, ein paar waren Alkoholiker und wenige waren offenbar renitente, besserwisserische Querulanten.

Wie wohl auch diese sommersprossige Heike Fahrenkrug, dachte Zeik.

Die hielt offenbar wenig von Luise Lennart und flüsterte Kollegen wohl witzig gemeinte Anekdoten über Luise Lennarts privates Vorleben und berufliches Verhalten zu. Leider viel zu leise, als dass Zeik trotz gespitzter Ohren etwas Genaueres hätte verstehen können.

Er fand es aber doch erfreulich, jemanden wie Luise Lennart als künftige, respektvolle Vertraute an seiner Seite zu wissen. Man musste dem Volk aufs Maul schauen, um es lenken und führen zu können.

Wer weiß, wenn in den nächsten Tagen die Beförderung zu seinem Stellvertreter anstehen sollte, wollte er wohlwollend an sie denken. So gesehen war es doch noch ein richtig erfolgreicher Betriebsausflug geworden. Aber was sollte der mit dem Tod von Heike Fahrenkrug zu tun haben?

Mit ungutem Gefühl dachte Zeik an das zu erwartende Rumoren in der Belegschaft, denn im Gegensatz zu ihm selbst war sie nicht unbeliebt. Er fand, die Leute sollten sich keine Gedanken um tote rothaarige Exkolleginnen machen, sondern lieber arbeiten und viele kostenpflichtige Bescheide fertigen.

5

Die Öffentlichkeit war immer unerschütterlich der Meinung, Straßen und Wege würden vom Staat über die nicht unerheblichen Steuern finanziert. Heike Fahrenkrug als beamtete Wegebausachbearbeiterin bewies mit ihrer aufopferungsvollen Tätigkeit täglich das Gegenteil. Zwar übernahm die Freie und Hansestadt Hamburg zunächst die Kosten für den Straßenbau, übernahm auch die Planung und Durchführung, holte sich aber nach Ende der Bauarbeiten das nur verauslagte Geld von den Grundstücksbesitzern größtenteils zurück.

Dazu musste die *endgültige Herstellung* gesichert sein. Diese Fertigstellung musste Heike Fahrenkrug als eine von vielen Mitarbeitern für jede Straße in allen Einzelheiten prüfen, es durfte beispielsweise kein Kantstein zur Abgrenzung der Fahrbahn zum Fußweg fehlen. Fehlte diese Abgrenzung doch, galt die ganze Anlage als 'nicht endgültig hergestellt' und konnte leider auch nicht berechnet werden. War aber alles vollständig, begann die Zusammenrechnung aller entstandenen Kosten für die Straße selbst, den Fußweg, den Fahrradweg, Parkbuchten, Laternen und Bäume. Leicht kamen dabei einige Millionen Euro zusammen.

Bezahlen mussten das dann die Eigentümer der anliegenden Grundstücke, und zwar mussten sie einen umso höheren Anteil leisten, je größer ihre

Grundstücksfläche war. Im Klartext: Wer tausend Quadratmeter Land sein eigen nannte zahlte doppelt so viel wie der arme Wicht, der nur über kärgliche fünfhundert Quadratmeter gebot. Man war eben der Meinung, dass jemand mit einem größerem Grundstück eine Straße mehr abnutzt als jemand mit einem kleinen. Solche Dinge waren den zahlungspflichtigen Bürgerinnen und Bürgern nicht immer vermittelbar und einsichtig, denn weshalb sollte jemand höheren Nutzen von einer Strasse haben, nur weil er im Sommer fünfhundert Quadratmeter Rasen mehr mähen musste? Andererseits war auch die Gegenfrage berechtigt, weshalb die Allgemeinheit für Strassen oder Sackgassen aufkommen sollte, die nur von ein paar Anliegern selbst genutzt wurden. Ausschließlich vielbefahrene Hauptstrassen wurden zu einem größeren Teil von der öffentlichen Hand bezahlt.

Hauseigentümer hatten immerzu ein Damoklesschwert über sich: Selbst wenn die ganze Angelegenheit bezahlt war, konnte es der Stadt einfallen, noch einen Fahrradweg oder ein paar Parkplätze zu bauen und dafür dann die Hand aufzuhalten. In Form eines weißen Bescheides mit vierwöchiger Zahlungsfrist, Rechtsmittelbelehrung und einem rosa Durchschlag für die Akte.

Nicht fehlen durfte die Entwässerung der Fahrbahn, des Fußwegs und der Privatgrundstücke. Die Kosten für solche Rohre unter der Strasse waren in

Heike Fahrenkrugs Abrechnung nur für den Teil enthalten, der sich direkt auf die Straßentrockenlegung bezog. Für die Entsorgung von privatem Schmutz- und Regenwasser wurden die Eigentümer von Leuten wie Johannes Bergmann und Hans-Peter Hartleben zur Kasse gebeten. Die beiden wurden für ihre Tätigkeit fühlbar schlechter entlohnt, weil für die Entwässerung keine Kosten ermittelt werden mussten, das Gesetz sah für die Eigentümer Pauschalzahlungen vor, einfach nach der Länge des Grundstücks, mit der es an die Straße grenzte. Natürlich führte dieses Prinzip zu Ungerechtigkeiten, denn die Zahlungsbeträge der Nachbarn differierten trotz gleicher Grundstücksfläche oft gewaltig, nur wegen ihres Zuschnitts. Und bei einer Frontlänge von hundert Metern konnte die Aufnahme eines Kleinkredits durchaus erwägenswert sein, denn kaum ein Eigentümer hatte zigtausend Euro einfach in der Brieftasche, zumal die monatlichen Abwassergebühren selbstverständlich extra zu entrichten waren. So hatten auch Hartleben und Bergmann ihren geregelten Ärger mit wenig zahlungsfreudigen Bürgern.

Außenstehende würden die Arbeit im Amt für Wegebau als langweilig und trocken betrachtet haben, die Mitarbeiter selbst empfanden sie eher als öde und trocken.

6

"Nein, meine Herren, sie müssen sich gewaltig irren, sie sind sicher auf dem völlig falschen Dampfer, wie man wohl in Hamburg sagt", erwiderte Zeik dem kleinen Polizisten in einem Ton, der keinen Widerspruch zulassen sollte, "ich habe wirklich keinerlei Kenntnisse über das Leben oder Ableben der bedauernswerten Verstorbenen. Weder privat noch beruflich. Hier im Amt ist natürlich dank meiner Führung alles in bester Ordnung, wie kommen sie überhaupt auf das neue Amt für Wegebau? Frau Fahrenkrug war doch aus verschiedenen Gründen schon länger nicht mehr tätig hier..."

Innerlich höchst angespannt hatte sich Zeik umständlich an seinen Schreibtisch gesetzt, gut vier Meter vom runden Konferenztisch, an dem die Polizisten saßen, entfernt. Und natürlich, wie auch sonst immer, sicherheitshalber nicht mit dem Rücken zur Tür. Nicht, weil er das in alten John-Wayne-Filmen gesehen hatte, er fühlte sich so einfach wohler und geschützter. Nervös löschte er einige unwichtige Zeilen auf dem Computerbildschirm, die er vormittags in den Computer getippt hatte – normalerweise vergaß er das Löschen nie. Misstrauisch, wie er war, glaubte er den selbsternannten Computerfachleuten der Organisationsabteilung kein Wort und entfernte seine Texte auf dem Bildschirm nie mit dem

Löschen-Befehl, was sehr einfach möglich gewesen wäre. Wenn die Computerfuzzis genauso viel Ahnung von Computern haben wie ich vom Wegebau, dann gute Nacht, waren seine missmutigen Gedanken zu dieser Thematik. Er machte sich viel mehr Arbeit, er löschte jedes einzelne Wort lieber mit der Rückwärts-Taste. Zwar hatte er den durchaus nicht falschen Eindruck, dass er von seinen Untergebenen deswegen belächelt und nicht ganz ernst genommen wurde, aber er fühlte sich dadurch sicherer. Weniger angreifbar. Ihm konnte keiner.

Wenn er möglichst auf Unterschriften verzichtete, was in seiner Leiter-Position schwierig war, wenn er auch sonst alles vernichtete, nirgendwo etwas speicherte und sogar jedes einzelne Stück Papier vor dem Einwurf in den Reißwolf einzeln in quadratzentimetergroße Stücke zerriss, konnte ihm niemals etwas geschehen. Und so ging er konsequent vor. Zumindest gab es für nichts Beweise. Dabei tat er seines Wissens nichts Unrechtes oder Verbotenes.

"Frau Fahrenkrug hat doch noch vor zwei Wochen in diesem Amt unter ihnen gearbeitet und ist dann sehr plötzlich versetzt worden, hat uns die Frauenbeauftragte im Flur erzählt, eine Frau Hein-Wichtig oder so ähnlich...", warf der etwas größere Polizeibeamte fragend ein und überlegte, ob er nicht doch die Rolle des bösen Beamten spielen sollte, um die Routineangelegenheit zu beschleunigen.

"Sebmann-Wicht, meine Herren, sie sprechen von unserer Gleichstellungsbeauftragten Frau Sebmann-

Wicht. Sie ist gerade damit beschäftigt, frauendiskriminierende Bezeichnungen wie ‚Amtmann' aus unseren Vorschriften herauszusuchen und radikal zu tilgen... Diese Maßnahme soll ja rechtspolitisch sehr bedeutsam sein. Und das mit dem plötzlichen Versetzen ist wohl ein groteskes Missverständnis. So etwas stellt einen ganz normalen, üblichen Vorgang dar, gehört zu meinen Obliegenheiten und lag in meinem pflichtgemäßen Ermessen. Ich kann ihnen in diesem Fall leider nicht weiterhelfen", erklärte Zeik eilig. Wobei ihm mangels Diensterfahrung noch nicht klar war, dass unter Beamten der Ausdruck ‚pflichtgemäßes Ermessen' gleichbedeutend war mit schlichter Willkür.

Zeik hielt nichts von Frauenbeauftragten. Gar nichts. Weder von Frau Sebmann-Wicht noch von sonst einer. Schon deswegen, weil in seinem Amt sowieso über siebzig Prozent der Beschäftigten weiblich waren und es seiner festen Überzeugung nach schon von daher keiner gesonderten Förderung von Frauen mehr bedurfte. Und er haderte mit seinem Schicksal, denn bei keiner Einzigen dieser siebzig Prozent konnte er landen. Außer vielleicht irgendwann einmal mit viel Glück bei Luise Lennart.

Vermutlich suchte die nervtötende Frauenbeauftragte während der bezahlten Arbeitszeit nach einer schmerzlich entbehrten, weiblichen Bezeichnung für ‚Zebrastreifen'. Oder den weiblichen Formen von ‚Rasengitterstein' und ‚Eichenspaltpfahl'.

Überhaupt, wo wurden denn Frauen benachteiligt? Nur aufgrund der theoretischen Möglichkeit, Kinder zu bekommen, durften sie trotz höherer Lebenserwartung früher in Rente, mussten nicht zu den Waffen und arbeiteten meistens nur halbtags. Und Männer brachten das Geld nach hause. Oder zahlten üppig Unterhalt. Das fand Zeik sowieso das Größte: In einer angeblich männerbeherrschten Welt musste allen Müttern, nicht etwa nur dem gemeinsamen Kind, auch dann Unterhalt gezahlt werden, wenn sie den Vater des Kindes gar nicht geheiratet hatten. Wegen der Gleichberechtigung mit verheirateten Frauen. Und die Möglichkeit, mit einem Vaterschaftstest einen Vater zu ermitteln, war sicher auch nicht von zarten Frauenhänden geschaffen worden. Es ist schon bemerkenswert, überlegte Zeik, da erfinden gestandene Männer wie ich seit Jahrhunderten Geräte wie Waschmaschinen, Staubsauger und Mikrowellenherde, um den Damen ihre anspruchslosen, naturgegebenen Aufgaben zu erleichtern und ernten nichts als Undank und Forderungen.

Außerdem waren die wenigen Frauenbeauftragten, die er persönlich kannte, zumeist genauso hässlich, unweiblich und unbemannt, wie es sich seine Machophantasie an schlechten Tagen immer ausgemalt hatte. Er fand es andererseits höchst angenehm, wenn seine Vorurteile Bestätigung in der Realität fanden oder noch übertroffen wurden. Das galt auch für Frau Sebmann-Wicht. Die hatte ihren schwer einprägsamen Doppelnamen allerdings von Geburt an, nicht durch eine Eheschließung erworben. Heirat, ha! , die würde sowieso keiner nehmen, so dick und faul und laut und unverfroren, wie sie auftrat, war sich Zeik absolut sicher. Nicht mal über eine von vorne bis hinten zusammengelogene Heiratsannonce mit der beschönigenden Formulierung von einer fraulichen Figur würde sie einen Mann abkriegen. Vielleicht sollte Frau Sebmann-Wicht es mit einem Callboy versuchen, feixte er in sich hinein, die nehmen gegen angemessenen Aufpreis nach Körpergewicht sicher jede.

Er fragte sich, weshalb es wohl gerade bei solchen Frauen, die sich für in besonderer Weise engagiert und emanzipiert hielten, so viele mit unpraktischen und schwer auszusprechenden Doppelnamen geben mochte. Meistens waren das Sozialpädagoginnen oder Lehrerinnen, wie er schon in den mehreren Kontaktanzeigen des Hamburger Abendblattes bemerkt hatte. Überhaupt schienen gerade Lehrerinnen trotz kulturell vielfältiger Interessen nur höchst selten einen Mann fürs Leben abzubekommen und schalteten daher häufig Heiratsannoncen. Solche, die als Absender auf ihre Briefe einen wohlklingenden Namen wie Klärlichschmalz-Peffenwalsroth geschrieben hatten, waren bei ihm auch gleich als chancenlos durchgefallen. Sie hätten sich mit ihm auf den gemeinsamen Namen Zeik, wie es sich in einer jeden anständigen Ehe gesitteter Menschen gehörte, sicher kaum einigen können.

Wenn es demnächst um eine Beförderung zu seinem Stellvertreter ging, würde er eher seinen runden Plastikpapierkorb als diese wandelnde Wurst von Frauenbeauftragter mit unverschuldet erworbenem Doppelnamen befördern. Natürlich würde er sie nicht offen beachteiligen, nur weil er sie nicht mochte, sie eine Frau war oder weil sie ihn mal bei einer kleinen, peinlichen Dummheit erwischt hatte...

7

Diese kleine, aber doch enorm peinliche Dummheit lag beinahe zwei volle Monate zurück und war nicht für die Öffentlichkeit bestimmt. War sogar ein möglicher Karrierekiller für ihn, sollte sie doch bekannt werden. Sie hing mit seinem zwar sehnsuchtsvollen, aber eher kümmerlich zu nennenden, gleichsam nicht vorhandenen Sexualleben zusammen. Sicher, Zeik hatte als junger, siebzehnjähriger Mann für kurze Zeit eine richtig attraktive, dunkelblonde Freundin mit hübsch anzusehender Figur und langen Beinen gehabt, aber sein gestrenger Vater sah die Dinge sehr sachlich und materialistisch:

Er kam irgendwann auf ihn zu, knallte einen Sixpack Präservative der Marke *London* auf den Tisch und bemerkte, dass er doch bitte verantwortungsvoll darauf achten möge, in dieser wenig lebenswerten Welt keine Kinder zu produzieren.

Zwar fand Zeik diese schnöde Welt für den Moment gar nicht wenig lebenswert, war mit seiner Freundin auch noch gar nicht so weit und kam zu seinem Leidwesen auch nie so weit. Aber eines Tages beschloss er, selbst einmal diese Lümmeltüten käuflich zu erwerben. Schon, um irgendwie dazu zu gehören. Wie alle anderen Jungs in seinem Alter. Die mit ihren Freundinnen viele Kinder produzierten.

Wohl weil sie doch keine dieser Dinger nutzten und das Leben auch lebenswert fanden.

Bekam man früher Präservative lediglich beim Frisör, in der Apotheke, bei Beate Uhse und im Automaten – inzwischen gab es die Dinger in jeder Drogerie und in jedem Supermarkt neben den Zigaretten. Zwar war er mit *London* zufrieden gewesen, ohne sie jemals am lebenden Objekt ausprobieren zu können, aber in einer großen Drogerie entdeckte er eine schwarze Packung *BillyBoy*, die zwölf unterschiedliche Tütchen mit bunten Farben und teilweise Noppen enthielt. Und im Gegensatz zu manchen Comedy-Scherzen im Buntfernsehen musste die Kassiererin auch nicht durch den Laden brüllen, was denn die Präser kosten, und sie guckte zu seiner großen Erleichterung nicht einmal komisch. Es schien etwas ganz Normales zu sein.

Auch auf diesem Gebiet war Ulrich Zeik ein höchst misstrauischer Mensch: Die Lümmeltüten waren einzeln in schwarzer Folie mit zweijährigem Haltbarkeitsdatum eingeschweißt und schnell an zwei möglichen, markierten Stellen mit einem ratsch zu öffnen. Das tat er denn, als niemand außer ihm im Haus war, packte das Gummiteilchen (rot!) aus und ging in Richtung Badewanne – nicht etwa, weil eine lockende Gespielin dort gewartet hätte, sondern wegen eines seiner Auffassung nach notwendigen Festigkeitstests. So sehr toll dufteten Präservative nicht, eine Ähnlichkeit mit abgestandenen Fahrradreifen war für ihn unverkennbar. Zeik versuchte es mit Abrollen, was sich etwas schwierig gestaltete, weil nicht sofort klar wurde und nirgends geschrieben stand, in welche Richtung er nun rollen sollte ...kann im Eifer des hoffentlich bald mal stattfindenden Gefechts die Stimmung verhageln, dachte er zweifelnd. Das glibberige Gummistück unter den Wasserhahn gehalten, aufgedreht, ...nach etwa fünfzig Litern Wasser konnte er es nicht mehr festhalten, aber sein Testgummi war heilgeblieben, zumindest also wasserdicht. Und er ließ alles in die große Wanne patschen.

Der Test war zwar nun bestanden, der teure Gummi aber leider unbrauchbar, ärgerte er sich. So konnte sich Zeik aber immerhin mit seinen verbliebenen elf Drogerie-Tüten im immer verschlossenen, ansonsten mit neuem Testament und dem halbpornographischen Taschenbuch *Die sinnliche Frau* bestückten, massiven Eichen-Nachtschrank sicher fühlen. Nur zum vorbestimmten Einsatz im sehnsüchtig erhofften Eifer des Gefechts kamen sie auch lange nach Erreichen des Mindesthaltbarkeitsdatums mangels Gelegenheit nie.

Nicht, dass Ulrich Zeik ausgesprochen hässlich gewesen wäre oder gar dumm. Er war klein, bärtig, etwas gedrungen und hatte den etwas schmierigen Charme eines gewerblichen Drückers, der alten, gebrechlichen Frauen an der Haustür ein Fernsehzeitungsabonnement mit dem Argument aufzuschwatzen sucht, er sei entlassener Häftling und dies sei wirklich seine letzte Resozialisierungschance. Um größer zu wirken, trug er gern Schuhe mit Absätzen. Unauffällig. Und er mochte Frauen wirklich, zumindest ihr Äußeres, zog eigentlich jede unabhängig von Alter oder Optik sofort und genüsslich und ohne Ende mit den Augen aus. Nur Frau Sebmann-Wicht und Frau Fahrenkrug und seine eigene Gattin nicht. Das schienen die betroffen, nacktgedachten Damen aber nicht sonderlich zu schätzen und blieben eher distanziert, manche sogar richtig kühl und richtig abweisend. Vielleicht hatten sie das Gefühl, dass ihm sogar bei fest geschlossenem Mund die Zunge gierig heraushing. Schade.

So behalf er sich mit billigen Zeitschriften wie *Wochenend*, die regelmäßig unscharfe Schmuddelbildchen von scharfen, knapp oder gar nicht geschürzten, angeblichen Nachbarinnen und anderen Frauen mit wilden, unbefriedigten Gelüsten offerierten. Diese Halb-Pornoblättchen für Arme hatten praktischerweise typisches Aktenformat, so dass er sie in der obersten, abschließbaren Schublade seines gediegenen Schreibtisches verwahren und bei Bedarf auch lesen konnte. Trat dann ein Untergebener mit dienstlichem Anliegen überraschend in sein Zimmer, knallte Zeik mit geschäftigem Amtsleiterblick die Lade zu, alles in Ordnung, keiner hatte jemals etwas bemerkt, hoffte er.

Vor zwei Monaten hatte das neue Amt auch andere, wenigstens teilweise renovierte Räumlichkeiten bezogen. Ursprünglich war das langgestreckte, schlichte Gebäude eine wenig genutzte Lagerhalle für Verbandsmaterial des Roten Kreuzes gewesen, in der sich bis dahin nur selten Menschen aufhielten.

Gegenüber, auf der anderen Straßenseite, befand sich ein rot geklinkertes Mehrfamilienhaus. Dem Zustand der Klinker nach war es etwa fünfzig Jahre alt, aber in gepflegtem Zustand. Gepflegt war auch der umgebende, jedoch schon unregelmäßig mit Butterblumen, Gänseblümchen und Moos durchsetzte Rasen. Am Hauseingang und in die weißen, ministafettenverzierten Balkonkästen waren viele gelb-blaue Stiefmütterchen gepflanzt worden, gerade verblühte und vom häufigen Hamburger Wind zerzauste Osterglocken und Tulpen waren auch noch zu erkennen. Die Hausbewohner waren bis dahin keine neugierigen Nachbarn gewohnt gewesen, hatten vielleicht auch nichts zu verbergen und darum auf sichtschützende oder schmückende Gardinen vor ihren Fenstern und Balkonen verzichtet.

Schon nach ein paar Tagen hatte Ulrich Zeik mehr durch Zufall erfreut festgestellt, dass im hervorragend einsehbaren ersten Stock des Mehrfamilienhauses ein weiblicher, sehr ansehnlicher und wohlgeformter Twen wohnte. Glücklicherweise auch ohne lästige Gardinen und Vorhänge.

Die junge Dame war jeden morgen zwischen sieben und acht Uhr unbekleidet zu besichtigen, widmete sich ausgiebig der Körperpflege und probierte verschiedene Kleidungsstücke an. Was für ein unerwarteter, anregender und kostenloser Augenschmaus!

Ulrich Zeik war hellauf begeistert und erschien von nun an - entgegen seiner üblichen Gewohnheit - um Punkt sieben Uhr nach Öffnung des Amtes durch den leider zuweilen verspätet erscheinenden Hausmeister.

Jeden Morgen.

Und entgegen seiner sonstigen Vorlieben begrüßte er viele seiner neuen Mitarbeiter persönlich mit Handschlag, allerdings immer nur in deren Arbeitszimmer. Zuweilen wartete er auch schon im Büro eines Untergebenen, um ihn langatmig begrüßen und mit Belanglosem vollschwafeln zu können. Dachten jedenfalls die völlig überraschten und teils verstörten Begrüßungsopfer, wenn ihnen frühmorgens der sonst so hartleibige und unnachgiebig auftretende Chef aus ihrem eigenen Büro schnellen Schrittes entgegenstürzte. Jedoch wurde die ungewöhnliche, hohe Ehre der morgendlichen Grußentbietung nicht jedem Mitarbeiter in gleicher Weise zuteil. Nur jenen ausgewählten sechs Personen, deren Arbeitsräume, im Gegensatz zu seinem eigenen, ein Fenster mit Blickrichtung auf die Wohnung der jungen Dame hatten.

Ärgerlicherweise hatte auch Frau Sebmann-Wicht, die dicke und anstrengende Frauenbeauftragte, ein solches begehrenswertes Zimmer mit schöner Aussicht. Aber sie schien sich zunächst über das regelmäßige morgendliche Grußritual zu freuen, hoffte sie doch trotz fachlicher Unzulänglichkeiten auf eine schon baldige Beförderung auf der ‚Frauenschiene' und verwickelte ihn gern in lange und unerquickliche Gespräche über die neueste Eierdiät, die bei ihr trotz eiserner Disziplin und vielen Hungergefühlen einfach nicht anschlagen wollte. Zeik gab sich dann gern betont leutselig und erwähnte seine eigenen ‚paar Pfunde zuviel', schaute dabei aber immer wie zufällig der Frauenbeauftragten über die Schulter, denn gegenüber im Fenster war meist die halbnackte süße Maus beim Herumhopsen oder einer Modenschau vor dem Spiegel zu beobachten. Wirklich niedlich. Kleine, hüpfende Brüste. So fest und zierlich. Und ein knappes, weißes Höschen, möglicherweise sogar mit Spitze verziert, was aber auf die Entfernung leider nicht erkennbar war. Vielleicht sollte man mal...

Offenbar wusste die Frauenbeauftragte inzwischen um den eigentlichen Grund für seine allmorgendlichen Besuche und war voller Missbilligung und echter Empörung, wie ihr Macho-Chef ein junges Mädchen aus purer Geilheit zu einem Sexualobjekt wie in einer billigen Peepshow degradierte. Zumal in ihr eigenes Zimmer niemand starren würde, auch und gerade dann nicht, wenn sie unbekleidet wäre. "Herr Zeik, wenn sie nur deswegen in mein Zimmer kommen, um sich ein nacktes Mädchen gegenüber anzusehen, stellen sie sich doch einfach direkt ans Fenster und glotzen mir nicht dauernd über die Schulter!" fuhr Frau Sebmann-Wicht ihn in gerechtem Zorn laut mit wütend funkelnden Augen und hochrotem Kopf an, obwohl zwischen ihrem umfänglichen Körper und dem Aussichtsfenster gar kein Platz mehr für ihn gewesen wäre.

"Aber meine liebe Frau Sebmann-Wicht, wie kommen sie denn auf solche Gedanken? Was soll da gegenüber sein?", kopfschüttelnd, aber doch leicht gebückt wie ein ertappter Missetäter verließ Zeik das Zimmer der wegen ihrer Zurücksetzung sehr zornigen und deswegen zum Trost lustvoll vom dick belegten Wurstbrötchen abbeißenden Frauenbeauftragten.

Allerdings begab sich Zeik gleich ins Nebenzimmer, um einen weiteren verwunderten Kollegen mit Blick über dessen Schulter überschwänglich und langatmig zu begrüßen.

8

Tatsächlich hatte sich die Nachricht vom plötzlichen, rätselhaften Tod Heike Fahrenkrugs wie ein Lauffeuer im aufgeregten Amt herumgesprochen. Nicht zuletzt durch tatkräftiges Zutun Hans-Peter Hartlebens, der nicht eben für seine Verschwiegenheit bekannt war. Zwar war niemand eng mit der Verblichenen befreundet gewesen, aber der überraschende Tod so kurz nach der ebenso überraschenden Versetzung ließ die Gerüchteküche kräftig brodeln. Hatte sich die Vierzigjährige aus Verzweiflung selbst das Leben genommen? War sie vielleicht nur krank gewesen? Den meisten lag die Geschichte schwer im Magen. Johannes Bergmann verstieg sich zu der Vermutung, dass Amtsleiter Zeik Heike Fahrenkrug umgebracht habe. Weil sie etwas wusste, was sie nicht wissen sollte. Was niemand wissen sollte. Spaßeshalber stellte er die verwegensten Vermutungen und Verschwörungstheorien auf. Das mochten die Kollegen nun nicht glauben, aber sie wussten auch nicht, was sie statt dessen glauben sollten.

Und suhlten sich weiter in ihrer nicht greifbaren, aber ständig präsenten Furcht vor dem neuen Leiter.

Was hätte er ihnen schon Schlimmes antun können?

Die schlimmste Strafe für einen Beamten war, ihn nicht zu befördern. Beförderungen fanden aber wegen der aus Geldmangel durchgeführten Stellenstreichungen sowieso kaum statt. Und wenn es doch irgendwann berufliche Aufstiegsmöglichkeiten geben sollte, dann sicher nicht für endgelagerte Bedienstete des Amtes für Wegebau und Entwässerung Hamburg. Unkündbar waren die Beamten auch.

Es gab in Wirklichkeit gar kein Druckmittel, was Zeik wusste, darum konkretisierte er seine zahlreichen Drohungen und Andeutungen niemals und erging sich stets in wabernd-düsteren Ankündigungen. Er wusste, dass die Phantasie den Menschen schlimme Streiche spielte, dass die Leute sich am meisten dann fürchteten, wenn sie nur etwas Dunkles erahnten, was ihnen vielleicht eines Tages drohen könnte. Nach diesem Prinzip funktionierten auch die besten Gruselfilme Hollywoods, deren Erfolgsgeheimnis eben darin lag, die aus dem Knie spritzende Hirnmasse des von unmenschlichen Monstern zu Tode gepeinigten Opfers gerade nicht zu zeigen.

9

"Frau Fahrenkrug wurde in einem anderen Hamburger Amt wesentlich dringender benötigt als hier, und so habe ich sie nach dortiger Anforderung schweren Herzens ziehen lassen, trotz ihrer unbestreitbaren und bekannten fachlichen Vorzüge", erläuterte Zeik den mäßig interessiert dreinschauenden Beamten. "Wissen sie, diese Mauscheleien, Günstlingswirtschaft, Seilschaften, Beförderung nach Servilität, solche Sachen gibt es bei mir nicht, das sind sachfremde Erwägungen, wie wir hier sagen. Bei mir zählen nur fachliche und personelle Eignung sowie Leistung, sonst nichts. Egal, was ihnen vielleicht andere erzählen. Viele neiden mir ja auch meinen gewaltigen Erfolg und unerwarteten Aufstieg hier."

"Herr Zeik, wir wollen niemandem etwas unterstellen, das ist nicht unsere Aufgabe. Uns wurde nur schon berichtet, dass es durchaus verschiedene Misshelligkeiten gegeben haben soll, fachliche Auseinandersetzungen und auch Schwierigkeiten persönlicher Natur", entgegnete der kleine Polizist, der sich mit Scholz, Revierwache 12, vorgestellt hatte. "Wir treten hier nicht als Richter auf, wir wollen uns nur ein Bild über die mögliche Ursache des Ablebens ihrer Kollegin machen und sind dann auch schnell wieder verschwunden."

"Ehemalige Kollegin!", warf Zeik schnell ein, eine winzige Spur zu schnell, wie ihm selbst noch spät auffiel. Er biss sich unwillig auf die Unterlippe und stellte mit einem langsamen, unauffälligen Handgriff sicher, dass die obere Schublade mit dem verfleckten *Wochenend* sicher verschlossen war.

Das mussten diese kleinen, mittleren, unwichtigen Beamten nun wirklich nicht wissen, würde sie nur von ihrer eigentlichen Arbeit ablenken und falsche Schlüsse ziehen lassen. Ein Spanner war er ja nun wirklich nicht, so etwas taten nur kranke Hirne. Er aber war ein gesunder Mann mit gesunden Bedürfnissen.

Fachliche Auseinandersetzungen und Schwierigkeiten persönlicher Natur, dachte Zeik, das können die nur von diesem nörgeligen Bergmann haben. Johannes Bergmann, ein kleiner, mieser Besserwisser, der dauernd mit uralten gesetzlichen Vorschriften nervte, wenn Zeik innovatives, globales Denken und produktiv-betriebswirtschaftliches Handeln anmahnte. Derselbe Bergmann, der in seiner Freizeit gern Gitarre spielte und mit dieser tumben Masche auch noch Erfolg bei vielen Frauen hatte.

Zeik erinnerte sich noch sehr gut, zu gut an den letzten, unerfreulichen Disput. Er hatte seine neuen Untergebenen barsch und ultimativ aufgefordert, künftig das dreifache Geld hereinzuholen, unbotmäßigen Bürgern keinen Zahlungsaufschub mehr zu gewähren und endlich Nebenarbeiten und Schnörkel wegzulassen. Den Begriff Schnörkel mochte er besonders gern, er war so schön bildhaft, deshalb verwendete er ihn nach Möglichkeit oft. Schließlich wollte Zeik noch eine kometengleiche Karriere starten, und das ging nur mit viel, sehr viel vorzeigbarem Geld beim notorisch klammen Hamburger Finanzsenator. Natürlich hatte er auch den kleinen Nulpen märchenhafte Aufstiegsmöglichkeiten versprochen, wohl wissend, dass die meisten für erhoffte dreißig Euro mehr pro Monat alles tun und mit sich machen lassen würden. Im sicheren Bewusstsein, dass er für sie wegen der leeren Kassen Hamburgs nur selten Aufstiegsmöglichkeiten zu bieten haben würde.

Bergmann aber widersetzte sich in Gegenwart aller Kollegen offen. Stellte sich ihm entgegen.

Was denn mit der vielbeschworenen Bürgerfreundlichkeit sei, begehrte er zu wissen, schließlich hätten viele Leute nicht mal eben zehntausend Euro oder mehr für ein ungewolltes Regenwassersiel vor der Haustür zur Hand oder in der Portokasse.

"Mein lieber Herr Bergmann", hatte Zeik ihn betont väterlich belehrt, "das ist doch ganz einfach: Es ist gerade besonders bürgerfreundlich, wenn dieses Geld sofort bezahlt werden muss. Denn nicht nur der Zahlungspflichtige ist ein Bürger, sondern die ganze Gemeinschaft, der das gezahlte Geld dann zugute kommt. Im Klartext: Je kürzer die Zahlungsfrist, umso bürgerfreundlicher ist die Sache! Haben sie das jetzt verstanden?" Aber Bergmann gab nicht auf, murmelte etwas von geltenden Gesetzen und Vorschriften, die es doch auch zu beachten gelte.

"Natürlich sollen sie hier keine Gesetze brechen", hatte Zeik unwillig erklärt, "aber wir sind nicht das Sozialamt oder die Armenspeisung, schon gar nicht für reiche Hauseigentümer. Wenn da einer angeblich nicht zahlen kann, verweisen sie ihn an den Kapitalmarkt, die Sparkasse gibt gerne Geld und zu günstigen Zinsen!"

Zeik hoffte, die unerfreuliche Diskussion mit diesen deutlichen Worten und einem sardonischen Grinsen beendet zu haben. Hatte er aber nicht. Wieder fing Bergmann an herumzunörgeln und zu fragen, wohl in Absprache mit der jetzt gestorbenen Heike Fahrenkrug, was er denn mit Schnörkeln gemeint habe?

"Herr Bergmann, das ist doch nicht sooo schwierig. Schicken sie ordentlich viele Zahlungsbescheide an die Leute, möglichst solche mit hohen Beträgen, das ist ihre Aufgabe, dafür werden sie hier bezahlt, und nicht einmal schlecht", hatte Ulrich Zeik, mittlerweile schon sehr ungehalten und leicht schweißgebadet, zur Antwort gegeben und einen Ton gewählt, der an die Endgültigkeit seiner Worte keinen Zweifel lassen sollte. Es half alles nichts, Bergmann wollte ihn wohl unbedingt provozieren und wegen seiner fachlichen Unkenntnis vorführen, und das war letztlich leicht: Schließlich hatte Zeik auch nach drei Monaten in seiner Leiterstellung erst sehr oberflächlich begriffen, was seine Untergebenen eigentlich den ganzen Tag lang taten und warum sie es taten. Und eigentlich interessierte ihn dieses klein-klein auch nicht.

"Das ist etwa so, also würde der TÜV auf die Untersuchung meines Autos verzichten und nur noch den Prüfungsbericht ausfüllen, weil der ja Geld bringt. Was für ein Schwachsinn!", hatte Bergmann sehr laut gebrüllt, und mangels geeigneter Gegenargumente hatte Zeik die unglücklich verlaufene Besprechung mit den Worten "Ich brauche möglichst viel Geld, auch wegen der Zukunft unseres Amtes" eilig aufgelöst.

Ja, der Bergmann könnte geplappert haben. Wieder einer ohne Karrierechancen, dachte Zeik vergnügt, der bekommt einen der beliebten Edeka-Vermerke. Ende der Karriere.

10

Vom Flur her hörte man eine fürchterlich gellende Frauenstimme. Die berufsbedingt unglückserprobten Polizisten sprangen sofort erschrocken auf und griffen in Erwartung einer Bedrohung für Leib und Leben an ihre noch gesicherten Waffen. Schließlich wollten sie ihren Familien noch erhalten bleiben und hingen am eigenen Dasein, auch wenn ihre Frauen und Kinder im Falle des Ablebens während der aktiven Dienstausübung gut versorgt wären.

Aber es war nur die sich fast überschlagende Stimme der Frauenbeauftragten Sebmann-Wicht, die von Kollegen wissen wollte, ob jemand mittags zu McDonalds ginge und ihr auch zwei Burger, einmal Chicken-Nuggets, einmal große Pommes mit Ketchup und Mayonnaise, einen großen Milchshake mit Schokoladengeschmack und einiges mehr mitbringen würde. Sie hätte mit der Prüfung der Benachteiligung von Frauen in Behörden derart viel Stress, dass sie ihre im Grunde erfolgreiche Eierdiät kurzfristig unterbrechen müsse.

Die Tür zu Zeiks Büro sprang krachend auf und Frau Sebmann-Wicht füllte den Türrahmen fast gänzlich aus. "Wollen sie auch einen Burger, Herr Zeik und die Herren? Nein? Na, dann esse ich eben einen mehr, hahahaaaa!" brüllte Petra Sebmann-

Wicht mit dunkelroter Gesichtsfarbe und knallte die Tür schwungvoll wieder zu.

"Das war unsere... öhem... Frauenbeauftragte, sie wirft gern ihr volles Gewicht in die Waagschale", beeilte sich Zeik zu erklären, in der Hoffnung, das Thema elegant und unauffällig wechseln zu können. Die Hoffnung trog, denn der kleine Polizist Scholz von Wache 12 hatte sich wieder gefangen und gesetzt, grinste ein männlich-solidarisch-verstehendes Grinsen und meinte: "Wir haben sie schon kurz gesprochen, übrigens hat unsere Frauenbeauftragte im Kommissariat ein ähnlich anziehendes Äußeres, ist wohl berufsbedingt und Voraussetzung für den Job."

Zeik griente erfreut übers ganze Gesicht, doch jetzt sagte der Polizist ernst: "Wir waren bei fachlichen und persönlichen Problemen stehengeblieben, erzählen sie uns doch ein bisschen was. Es gibt überall und immer Leute, die sich ungerecht behandelt fühlen, weil andere bevorzugt werden. Leute, die unzufrieden sind oder irgendwie Ärger machen, auch völlig grundlos..."

Ulrich Zeik musste sich erneut auf die Unterlippe beißen. Zu Löschen gab es auf seinem PC mittlerweile nichts mehr, er tackerte jedoch weiter nervös auf der Rückwärts-Taste der computertypisch graubeigen Tastatur. Die Polizisten konnten den leeren Bildschirm ja nicht sehen und Zeik gab sich alle Mühe, dem Image eines wichtigen und würdig-souverän auftretenden Amtschefs wenigstens äußerlich annähernd zu entsprechen. Ob sie etwas von dieser dummen, dummen Geschichte mit Luise Lennart gehört hatten? Das dürfte und konnte eigentlich nicht sein, denn Zeik hatte unter Androhung drakonischer Höchststrafen, ohne diese wie üblich näher zu spezifizieren, schon die Erwähnung dieses heiklen und für ihn unangenehmen Themas endgültig untersagt. Solche unwichtigen Geschichten und mutmaßlich feindgesteuerten Nebenkriegsschauplätze sollten seine kommende Karriere nicht gefährden. Aber Neider gibt es leider überall, da hatte der Polizist recht, vielleicht hatte jemand trotz Strafandrohung geplaudert? Vielleicht wieder der Bergmann, dem alles zuzutrauen war? Oder der Hartleben? Nein, der sicher nicht. Der ließ zwar bekanntermaßen gern schwierige Akten verschwinden oder fälschte auch schon zum eigenen Vorteil die Unterschrift eines Vorgesetzten, aber vor ihm, Zeik, hatte der richtig Angst und schlotterte förmlich. Schien froh zu sein, nicht sofort geschlagen zu werden und duckte sich immer wie ein Hund.

Das konnte Zeik in vollen Zügen genießen, auch wenn Hartleben nur so ein kleiner Wicht, in seinen Händen ein unwürdiges Nichts war. Aber wenn dieser Möchtegern-Gitarrist und Schreibtisch-Revoluzzer Bergmann sich wichtigtuerisch hervortun wollte den Mund nicht gehalten hatte...?

11

Wieder erinnerte sich Zeik an den Betriebsausflug in die Brauerei.

An Luise Lennart, wie sie ohne Misstrauen, aber doch respektvoll zu ihm aufsah, wie sie ihn an ihrer für ihn bis dahin unerreichbar geglaubten, glanzvollen Welt der Reichen und Schönen teilhaben lassen wollte. Ohne etwas dafür zu fordern. Wie sie ihn herzlich eingeladen hatte auf das große Berliner Besitztum mit den vielen antiken Räumlichkeiten und dienstbaren Geistern. Wie er ihr gegenüber sein eigenes, kleines, auf Raten mit sieben Prozent Zinsen gekauftes Reihenhäuschen mit zweihundertsiebzig Quadratmetern Garten zu einem Anwesen, zu einer geradezu ehrfurchtgebietenden Residenz umgelogen hatte.

Luise Lennart hatte den Mann in ihm geweckt, den echten Kerl, der nicht morgens mit einem alten, gebraucht gekauften Diesel-Kombi von Opel in der Sonderlackierung *rembrandtsilbermetallic* zur Arbeit fahren musste.

Um sie zu beeindrucken, kam er nur noch mit einem Motorrad, einer zwar ebenfalls gebrauchten, jedoch etwas getunten, dunkelgrauen 500er Kawasaki. Er genoss den Rausch der hohen Geschwindigkeit auf seiner jugendlichen Maschine und er genoss das Hormonsausen, das die Nähe seiner Kollegin, mit der er sich noch nicht einmal duzte, in ihm auszulösen vermochte.

Eine klassische Schönheit oder auch nur hübsch zu nennen war Luise Lennart gerade nicht.

Sie erinnerte an diese kleinen, etwas pummeligen, stark pausbäckigen Spielzeugpuppen aus den frühen sechziger Jahren, hatte strähniges und immer leicht fettiges, hellbraunes Haar.

Viel zu enge, grimmelig-gelbe Röcke trug sie gern zu halbtransparenten Blusen aus synthetischen Fasern, ein Outfit, dass selbst einer deutlich jüngeren und von der Natur begünstigteren Frau allemal zur Peinlichkeit gereicht hätte. Zeik fand es aber ansprechend und lobte ihre natürliche Ausstrahlung, seine eigene Frau lief ja auch immer eher als hausbackene graue Maus herum und es war ihm egal. Und dann war da noch auf die Aussicht auf ein großes Fest mit dem Schlagersänger Enno Meilen, mit viel Prominenz, und er, Ulrich Zeik, wäre mitten dabei. Er rieb sich in freudiger Erwartung die Hände, wie er es häufig in freudiger Erwartung tat. Man würde ihn noch kennenlernen. Man würde mit ihm zu rechnen haben.

Er, Ulrich Zeik, würde endlich jemand sein.

Luise Lennart hatte ihr gesamtes Büro mit Merchandising-Artikeln, Devotionalien und riesigen Tournee-Postern ihres Mannes ausgestattet, ja geradezu überhäuft. Der Raum erinnerte mehr an einen anbetungswürdigen Altar als an ein Bürozimmer, für

Akten war kaum noch Platz, nur im Schrank und hinter dem Schreibtisch lagen einige, wo sie niemand sehen konnte. Leider, und das war schon den meisten Kollegen aufgefallen, rief Enno Meilen seine Frau niemals im Amt für Wegebau an und holte sie auch nie in seinem dunkelgrünen Rolls-Royce ab, aber er war ja auch immerzu für sein großes Publikum auf Tourneen oder für neue Aufnahmen im Studio. So blieb Luise Lennart mehr Zeit für ihre Tätigkeit, die eurocentgenaue Berechnung von Wegebaubeiträgen für die Bewohner im mittelgroßen Hamburger Bezirk Farmsen. Zwar sahen ihre Statistiken der vergangenen Jahre verheerend aus, danach war sie dienstlich in keiner Weise tätig gewesen, hatte keine Beiträge abgerechnet und also nur eine üppige Anwesenheitsprämie kassiert.

Aber mit gekonnt unschuldigem Augenaufschlag und Hinweis auf seine Führungsstärke konnte sie Zeik überzeugen, schon in diesem Jahr viele Millionen mehr hereinzuholen als alle ihre missgünstigen Kollegen zusammen. Und sie verwies, ihn geschickt zitierend, auf die vielbeschworenen Schnörkel und Nebenarbeiten, die sie in der Vergangenheit zu erledigen gehabt habe und künftig, wie klugerweise angeordnet, einfach weglassen würde. Luise Lennart spielte auf sogenannte Anliegerbescheinigungen an, eigentlich nicht die typische Aufgabe einer Abteilungsleiterin und sie hatte die leidige Aufgabe auch weiter nach unten delegiert. Diese gebührenpflichtigen Bescheinigungen wurden immer dann vom Amt für Wegebau abgefordert, wenn jemand ein eigenes Haus oder Grundstück zu erwerben beabsichtigte. Aus diesen schnell und vergleichsweise einfach mit Textbausteinen zu fertigenden Bescheinigungen war zu ersehen, ob auf den Käufer künftig noch Kosten für Wegebau oder Entwässerung zukommen würden oder eben nicht – angesichts eines ohnedies schon teuren Hauskaufs wichtige Informationen. Nur wenige, begüterte Zeitgenossen würden eine Antwort auf die Frage, ob sie am Ende zwanzigtausend Euro mehr oder weniger für ihr Heim zu zahlen haben, als verzichtbaren ‚Schnörkel' bezeichnen, aber der fachlich unbedarfte, neue Leiter war froh, dass seine weisen Anordnungen so prompt reiche Früchte tragen sollten. Eine Anliegerbescheinigung brachte auch gerade mal fünfzig Euro für die Stadt ein, lächerlich!

Einige Tage darauf, nach quälendem Warten, denn für eine Nachfrage war er nicht mutig genug gewesen, war es endlich für den nach gesellschaftlicher Anerkennung gierenden Zeik soweit, nach großen Reden sollten nun große Taten folgen: Ulrich Zeik wurde zum Abschluss der Tournee nach Berlin zu Enno Meilen eingeladen, er vermutete eine schlossartige, große Burg. Luise Lennart würde Zeik zusammen mit ihrem geliebten ‚Ennoschatz' in Erfurt abends abholen, dann ginge es im eigenen Rolls nach Berlin und da sollte dann auch endlich ihre verheimlichte Ehe der Öffentlichkeit bekanntgegeben werden, viel Prominenz aus Showgeschäft und Politik werde erwartet. Die Ex von Enno müsse eben endlich schlucken, dass der Sänger ein neues Glück gefunden habe, man könne nicht ewig Rücksicht nehmen, sie solle halt zum Psychiater gehen, genug Geld dafür hätte sie ja.

Zeik gab sich zurückhaltend erfreut, dankte artig, seine Seele jubilierte aber und er war hochgestimmt.

Er fühlte das wie einen inneren Reichsparteitag, wie sein Vater es immer nannte, beinahe wie einen Orgasmus, so sollte ein Siegesgefühl sein. Es war dieses Gefühl, bei den Gewinnern zu sein, was ihn so stark in den Bann zog. Endlich gehörte er zu den wirklich Großen und Geschätzten, war mitten dabei, konnte alle kleingeistigen Neider in die Schranken weisen. Alle, die immer nur hinter seinem Rücken über ihn gelacht hatten, ihn für einen kleinen Spanner und großen Spinner hielten, ihn einen Gernegroß und Angeber nannten. Diesen kulturlosen Ignoranten würde er es zeigen!

Flugs schützte er zu Hause einen unaufschiebbaren, dienstlichen Fortbildungstermin vor, murmelte etwas von einem ‚Führungslehrgang, den ich schon wieder geben muss' und entschwand per Zug ab Hamburg-Hauptbahnhof zweiter Klasse, mit einmal Umsteigen und eine halbe Stunde Warten in Kassel-Wilhelmshöhe, nach Erfurt. Seine Frau war ganz froh, für diesen Tag einen griesgrämigen Esser weniger versorgen zu müssen und den Nachmittag ungestört vor dem großen Buntfernseher verbringen zu können. Dort wurden gerade nachmittags so faszinierende Talkshows gesendet, die das wirkliche Leben abzubilden schienen. Zwar ging es manchmal sehr laut zu, aber Themen wie *Du bist eine Schlampe*, *Ich lebe mit zwei Frauen unter einem Dach* oder *Entweder der Hund oder ich* ließen Frau Zeik den Eindruck gewinnen, am abwechslungsreichen Dasein ihrer Umwelt teilzuhaben.

Die wenigen Worte, die sie täglich mit ihrem ‚Uli' wechselte, ließen sie das Leben und sich selbst nicht spüren. Und oft fühlte sie sich gedemütigt, wenn er auch in den eigenen vier Wänden das Gebaren und den Befehlston eines unduldsamen Personalchefs an den Tag legte. Sie hätte lieber mehr Kontakt zu den Nachbarn gehabt oder auch gerne einmal eine alte Schulfreundin eingeladen. Aber Zeik hatte sich wegen irgendwelcher Belanglosigkeiten mit sämtlichen Nachbarn in weitem Umkreis zerstritten und zur alten Schulfreundin war ihm eingefallen, dass er ‚dumme Menschen' nicht abkönne. Obwohl er sie gar nicht kannte und sie auch keinen Doppelnamen führte oder rothaarig war.

Eine einfache, billige Absteige in Erfurt sollte es nun nicht sein, schließlich wollte Zeik auch etwas darstellen vor seinen neuen, betuchten Freunden und mietete sich kurzerhand in einem zentral gelegenen Vier-Sterne-Hotel namens *Dorint* ein. Ein schlichter, sandfarbener Neubau.

Der Empfang im Zimmer war denn auch sternegemäß sehr nett, nein, keine leichtgeschürzte blonde

Schönheit, aber ein sehr dunkelblondes, wohlge-
kühltes Bier stand als Willkommensgruß auf dem
Tisch, neben einem über hundertseitigen Bildband
mit dem Titel *Unterwegs in Mitteldeutschland.* Eine wirklich gute Idee, fand er, und das dunkle Bier Marke
Köstritzer mundete nach einem harten und hoffnungsvollen Tag. Obwohl ihm natürlich ein zünfti-
ges bayerisches *Prinzregent Luitpold* lieber gewesen
wäre. Auch wenn niemand da war, dem er hätte
berichten können, weshalb der Prinzregent nur
Prinzregent war und nicht König. Weil der eben kein
Wittelsbacher war, wie es die bayrische Verfassung
aber vorgeschrieben hatte.

Im Badezimmer mit Riesenspiegel nahm Zeik in der
Riesenbadewanne ein Entspannungsbad, edler
Badezusatz, Haarshampoo und dergleichen lagen
natürlich bereit – so hatte er sich das erträumt, so
stand es ihm als Mann von Welt eigentlich immer zu.
Jetzt fehlte eigentlich nur noch so eine junge, süße
Zuckermaus, wie er sie im stiefmütterchenge-
schmückten Rotklinkerbau gegenüber vom Amt so
gern beobachtet hatte. Es würde auch nichts ausma-
chen, wenn sie nur knapp bekleidet wäre, ihm würde
schon etwas Wärmendes einfallen, leckte er sich
genüsslich die wulstigen Lippen.

Das für eine Nacht gemietete Hotelzimmer selbst
war in warmen Pastellfarben recht wohnlich, aber
auch ‚praktisch zu reinigen' gehalten, mit großen
Fenstern nur zur Rückfront, so dass kein Ver-
kehrslärm den wichtigen Gast belästigen konnte. Ein

großer Fernseher stand auch im Raum, sogar zwei Erwachsenenkanäle standen zur Verfügung. Aber die waren kostenpflichtig, außerdem wusste Zeik nicht genau, wann man ihn abholen würde und wollte Peinlichkeiten vermeiden. Aber dreißig Sekunden lang konnte man die Adultchannel, wie sie hießen, kostenlos testen und junge, wohlgebaute Menschen bei solchen Spielen beobachten, wie sie zwischen Mann und Frau üblich sind.

Zeik schaute einundvierzig Mal dreißig Sekunden. Einfach so. Kostenlos.

Ausgestattet mit der obligatorischen, aber gut sortierten Minibar und einer Glasvitrine mit Gläsern für alle erdenklichen Getränke, gaben die gepflegten Räumlichkeiten keinen Anlass zur Kritik. Bis auf die Qualität des Gins vielleicht, die ihn mangels anderer Beschäftigung zum Nachdenken brachte:

Gin war bekanntlich die allgemeine englische Bezeichnung jenes geistigen Getränks, das durch Destillieren von Korn und Wacholderbeeren gewonnen wird, die spezielle Nuancierung des Wacholderduftes (Zeiks Gattin sagte immer: -gestanks) machte das Besondere aus. Seit gut zwanzig Jahren war Ulrich Zeik gelegentlicher Gingenießer und seit zwanzig Jahren hatte sich der Preis überhaupt nicht nach oben verändert. Das schien auf den ersten Blick höchst erfreulich, aber warum war der Hersteller sooo großzügig, dass er fast ein Vierteljahrhundert trotz Geldentwertung und gestiegener Kosten die Dreiviertel-Liter-Flasche für acht bis zehn Euro verkaufte? Gab es doch noch gute Menschen? Hatte Zeik geirrt? Die Erklärung war ganz einfach, wie er den Aufdrucken alter, inzwischen mit Brennspiritus gefüllter Flaschen in seinem Keller entnommen hatte:

Eine 1980 gekaufte Flasche hatte noch 43 % Alkohol, bei den neueren Flaschen waren es noch 42 %, vor fünf Jahren noch 40 %, heute lag der Alkoholgehalt noch niedriger. Das hing offenkundig mit den psychologischen Preisgrenzen des Einzelhandels zusammen, der den Preis pro Flasche unbedingt unter zehn Euro halten wollte, einerlei, was die Flasche überhaupt noch enthielt. Da stellte sich die Frage, wie viele Jahre es bei gleichbleibender Verdünnungsquote dauern würde, bis sich in der gelb etikettierten Ginflasche nur noch Wasser befand. Ohne Preiserhöhung.

Zeik befüllte ein schlichtes Longdrinkglas zu einem guten Viertel mit dem zu dünnen Gin, goss dann fast bis zum Rand Tonicwasser und einen Spritzer Zitronensaft dazu, freute sich über die klare, leicht moussierende Flüssigkeit mit ihrem schwach bläulichen Schimmer, trank einen ordentlichen Schluck und wischte die trüben, unproduktiven Gedanken beiseite.

Spät am Abend, wann immer das auch sein mochte, sollte er im dunkelgrünen Rolls abgeholt werden, da wollte er jetzt schon mal gute Laune einüben und hörte sich eine eigens in einem Kaufhaus erstandene und mitgebrachte Musikkassette *Die größten Erfolge Teil 1* von Enno Meilen an. Auf dem Cover war der Mann von Luise Lennart abgebildet, mit Gitarre im Scheinwerferlicht, in Nietenhosen und in Siegerpose. Sein Geschmack war das nicht. Zumal ihm sein Vater niemals solche Nietenhosen, wie er Jeans immer nannte, gekauft hatte. Obwohl der kleine Ulrich gern welche haben wollte, möglichst solche mit Schlag. "Nietenhosen tragen nur Langhaarige, Gammler und Halbstarke", hatte sein Vater barsch entschieden, "demnächst möchtest du wohl noch einen Fuchsschwanz an unserer Autoantenne befestigen!" Damit war das Thema ‚Nietenhose' widerspruchslos erledigt gewesen.

Eigentlich mochte Zeik auch überhaupt keine Musik.

Denn Musik hatte mit Gefühlen zu tun, mit wohligen und weniger wohligen. Und Gefühle wollte er vermeiden.

Bisweilen hatte er beim Anhören des im hoteleigenen Uhrenradio eingebauten Kassettenrekorders Eindruck, Enno Meilen versuchte, den frühen Helmut Zacharias nachzuahmen, allerdings ohne vorher auch nur einmal auf dem entsprechenden Instrument geübt zu haben. Zeik erstaunten daher die enormen Verkaufszahlen ehrlich. Diese krude Musikzusammenstellung wirkte auf ihn, als hätte jemand aus den misslungensten Vinyl-B-Seiten von Beatmusik der frühen 70er Jahre das Schlechteste zusammengestellt und es mit typisch irisch gemeinten Geigenklängen zu untermalen versucht. Grässlich. Hinzu kam, dass die gebotene Musik, wenn es denn welche sein sollte, keinesfalls aus einem Guss war, sondern Vielseitigkeit demonstrieren wollte zwischen pseudo-klassischen und modernen, hardrockmäßigen Klängen, was häufiges Aufspringen zwecks Regulierung der Lautstärke erforderte. Und dann diese fiepsigen Hintergrundstimmen der Mädels... mehr als zwei Songs hintereinander waren wirklich nicht auszuhalten, selbst Supermärkte würden es aus Angst vor drastischen Umsatzverlusten nicht wagen, derartige Musik fürs gefürchtete Einkaufsradio einzusetzen, dachte Zeik verdrossen. Die Kaufhäuser sollten lieber das Gesinge der Kelly-Familie spielen, dann würde wenigstens ordentlich Seife und Waschmittel gekauft, vielleicht auch ordentliche Bekleidung. Glücklicherweise ist die Tournee zu Ende, ich bin nur zum Essen und Gesehen-Werden und meine Zukunft bei dem Schlagerfuzzi. Langsam könnte der Rolls ja mal vorfahren.

Aber der Rolls fuhr nicht vor.
Den ganzen Abend nicht.
Des Lebens ungemischte Freude ward keinem Irdischen zuteil, hatte schon Schiller gedichtet.

Am nächsten Tag fuhr Zeik unverrichteter Dinge nach hause zu seiner Frau, wieder zweiter Klasse mit einmal Warten und Umsteigen in Kassel-Wilhelmshöhe. Murmelte unwirsch etwas von einem Haufen

Ignoranten, denen man alles, aber auch alles in die dummen, verkrusteten und bequemen Beamtenschädel hämmern müsse. Über die man zu recht den Beamtenwitz machte, dass Beamte nicht auf einen anderen Job versetzt werden, sondern dass ,Umbettung' hierfür der richtige Ausdruck sei. Und diese Beamten sollten nach ihrem Tod nicht bestattet, sondern wirklich zu hochwirksamen Schlaftabletten verarbeitet werden, schimpfte er, der sonst Beamtenwitze beleidigend und diffamierend fand. Und genehmigte sich ein großes Glas Gin. Pur. Mit nur 37,5 % Alkohol. Aber jetzt war es ihm egal.

12

Der Montag nach dem Erfurter Desaster.

Ulrich Zeik saß übelst gelaunt und heftigst verkatert in seinem Chefbüro ‚171' vor dem immer noch ausgeschalteten, computergrauen Computer mit farblich abgestimmter Computermaus. Frühes Erscheinen und die Begrüßung der sechs Kollegen mit den beneidenswerten Aussichtszimmern lohnte schon seit einiger Zeit nicht mehr, nicht nur wegen seiner Enttarnung: Die junge Dame gegenüber hatte tatsächlich weiße Gardinen-Stores und dunkle, lichtundurchlässige Vorhänge anbringen lassen. Ob ihr die Sonne zu grell schien? Außerdem schien sie einen Freund zu haben, der sie fast täglich besuchte, ärgerlich.

Ihm war der Spaß an der harmlosen Spannerei sowieso gründlich vergangen, nicht nur wegen der unverschämten Reaktion der dicken Frauenbeauftragten mit dem Doppelnamen. "Tja", hatte sie noch hämisch gegrinst und von ihrem Schokoriegel aus einem Dreierpack abgebissen, " da liegt die Häsin im Pfeffer: Männer wollen eben doch immer nur das Eine, unseren Körper!"

Dazu hatte Zeik vorsichtshalber geschwiegen, obschon ihm gerade in diesem Fall eine deftige Replik auf der Zunge lag. Aber ganz wollte er es sich mit der Frauenbeauftragten nicht verderben, bei allen möglichen Personalentscheidungen konnte sie ihm schließlich in die Suppe spucken. Zwar würde es wegen der knappen Haushaltslage in nächster Zeit nur wenige Entscheidungen geben, aber immer, wenn sich Menschen zweierlei Geschlechts um einen Job bewarben, musste diese lebende Version der ‚Ich-Bin-Zwei-Öltanks'-Reklame einer bekannten Brennstofffirma in Form der Frauenbeauftragten anwesend sein, damit nicht etwa eine potentielle Doppelnamenträgerin benachteiligt wurde.

Andere Kollegen hatten sich wegen seiner allmorgendlichen Glotzerei einen wirklich derben, würdelosen Scherz mit ihm gemacht, er hatte nur leider den Schuldigen noch nicht ermitteln können. Vermutlich wieder dieser Bergmann. Von ihm fühlte sich Zeik eigentlich immerzu lauernd beobachtet, als würde der nur auf einen winzigen Fehler des Chefs warten, um ihm dann schaden zu können. Zeik vermutete seine eigene Mentalität auch bei allen anderen Menschen.

Den Bergmann würde er sich vornehmen, ohne dass er einen Grund oder gar Beweis für dessen angenommene Alleinschuld hätte nennen können. Es war nur so ein ungutes Gefühl in der Bauchgegend gewesen, etwas, worauf er normalerweise niemals etwas gab, weil es nicht Hand und Fuß hatte und normalerweise eher unbeachtlicher Weiberkram war.

Auf irgendeinem Weg, er wusste nicht wie, hatten die Mitarbeiter seine kleine Schwäche für das niedliche, junge und wirklich attraktive Ausziehpüppchen im Nachbarhaus mitbekommen. Trotz seines diskreten, fast konspirativen Vorgehens. Und hinterhältig sie hatten ihn in eine gemeine Falle gelockt.

Wie immer war er früh in das Zimmer der ungeliebten Frauenbeauftragten gelaufen, um sie zu begrüßen, ihr gesegneten Appetit zu wünschen und währenddessen über ihre Schulter auf den Leckerbissen im anderen Haus zu linsen. Aber Petra Sebmann-Wicht war noch nicht da. Er war allein in ihrem Zimmer, ganz allein und konnte sich wegen der eingeschalteten Beleuchtung in der gegenüberliegenden Wohnung bequem am Anblick des bildhübschen, wohlgewachsenen Mädchens erfreuen. So ein Glück! Er löschte das Licht im Büro der Frauenbeauftragten, näherte sich dem Fenster und schob sich etwas hinter die grell-orangefarbene Gardine, damit er nicht von dem Schnuckelchen oder anderen Nachbarn entdeckt werden konnte. Die würden ja nur etwas Falsches von ihm denken. Da sah er etwas längliches, silbrig-glänzendes auf der Fensterbank:

Ein ausgefahrener Feldstecher stand in der Ecke neben den traurig-kahlen Kaktustöpfen! Daneben das hellbraune, geöffnete Lederfutteral. Offenbar war er nicht der einzige, der an den kostenlos dargebotenen Reizen schöner Mädchen Gefallen fand, hehe! Langsam wurde ihm warm, er wischte sich die Hände an einem Stofftaschentuch trocken, griff nach dem Feldstecher. Der war zwar ausgefahren, aber wohl nicht auf seine Sehstärke oder auf eine andere Entfernung eingestellt. Zeik korrigierte die Einstellung und hoffte, das der Besitzer die Veränderung nicht bemerken würde. Konnte ja auch von alleine passiert sein. Dann war das Bild scharf, offenbar ein Feldstecher von hervorragender Qualität, nicht einmal am Rand sah er Unschärfen. Wegen der starken Vergrößerung hatte er zunächst Mühe, in das richtige Fenster zu sehen und stellte auf die Straßenlaterne scharf. Nachdem dieser Fehler korrigiert war, genoss er in aller Ruhe er die anmutigen, fast katzenhaften Bewegungen der jungen, blonden Frau, rief leise: "mehr nach links!", wenn sie aus dem Blickfeld lief – aber sie konnte ihn ja nicht hören. Er stellte sich die schönsten Sachen vor, die er machen könnte, wenn er jetzt dort drüben wäre. Wieder musste er seine Hände am stark verknitterten Stofftaschentuch trocknen, dafür kurz das Fernrohr absetzen. Erneut angelegt und noch etwas schärfer gestellt, hatte sie leider schon einen winzigen Slip angezogen, die kleine Maus, jetzt suchte sie im geöffneten, hellen Kiefernschrank offenbar nach weiteren Dessous, nur der hintere, durchaus sehenswerte Teil ihrer Silhouette war noch zu bewundern.

Ulrich Zeik war sehr angeregt und aufgeregt, mittlerweile nicht mehr nur an den Händen, sondern am ganzen Körper leicht verschwitzt und hätte der Vorstellung nur allzu gern noch einige Zeit weiter beigewohnt. Aber leider hörte er schon die wuchtigen

Schritte der Sebmann-Wicht im Anmarsch. Und er hörte sie irgend jemanden auf dem Flur laut anblöken, wie es ihre unangenehm-aufdringliche Art war. Schnell stellte er das Fernrohr, wie es war, an seinen Platz, machte ein dienstliches Gesicht und schaffte es gerade noch, die ungeliebte Frauenbeauftragte mit einem gezwungenen, steifen Lächeln an der Tür zu begrüßen.

"Hallo Herr Zeik", brüllte sie ihm entgegen, "bleiben sie mal gleich da, wir können zusammen Frühstücken und dabei über die bald anstehende Beförderung sprechen, ich habe zehn Brötchen und ordentlich Fleischsalat, das wird wohl reichen für uns zwei! Wir beide wollen ja schlank bleiben, hahaaaa!" Aber Zeik stotterte sich lieber mit einer angeblich wichtigen Besprechung heraus und drückte sich an der geballten Körperfülle vorbei, zumal er vom Frühstück sowieso kaum etwas abbekommen hätte. Puh, das war glatt gegangen, sie hatte wohl nichts bemerkt vom eigentlichen Zweck seines Besuches. Richtig, fiel ihm ein, die Stadt hatte zwar kein Geld und es wurde deshalb niemand befördert, aber eine Ausnahme gab es aus unerfindlichen Gründen doch. Er selbst, Zeik, sollte einen Stellvertreter bekommen.

Auf dem Gang wurde er von seinen Handlangern, wie er sie für sich nannte, bemerkenswert freundlich und teilweise auch laut lachend begrüßt. Diese plötzlich verbreitete Fröhlichkeit schätzte er gar nicht. Einige kamen sogar in sein Chefzimmer, sahen ihn suchend an, grinsten kurz und verschwanden mit der Bemerkung, sie hätten sich leider in der Tür geirrt oder eine wichtige Akte vergessen mitzubringen. Hatte er etwas unterschrieben? Wussten die von seinen heimlichen Gelüsten hinsichtlich Luise Lennarts? Er war sich nicht sicher, ob er wirklich sie zu seiner Stellvertreterin befördern sollte. Aber besser als Feuerköpfchen oder die Sebmann-Wichtig wäre sie wohl allemal.

Den ganzen Tag lang lachten ihn Kollegen an oder grinsten nur verschmitzt, wenn sie ihn auf dem Gang sahen. Das war normalerweise nicht so, denn Zeik verbreitete Angst und Schrecken, und er tat es gern. Erst kurz vor Feierabend erkannte er die wahre Ursache der wirklich nur scheinbaren Freundlichkeit: In seinem Spiegelbild sah er sein völlig blauverschmiertes rechtes Augenlid, auch die Stirn war ungleichmäßig bläulich verfärbt, wie verwischt. Die blaue Farbe ließ sich nur mit viel Mühe, Seife und Rubbeln entfernen, offenbar Stempelfarbe normaler Büroqualität. Es durchfuhr ihn glühend heiß: Das Fernrohr war präpariert gewesen. Sie hatten es extra für ihn aufgestellt, in Stempelfarbe getunkt und ihn den ganzen Tag blaugefärbt herumlaufen lassen. Und sich königlich amüsiert.

Er würde den Täter finden. Und bestrafen.

Aber es musste sofort sein. Und ohne weiter nachzudenken. Aber was sollte Bergmann, wenn er es denn war, Vorwerfbares getan haben? Es war zwar sicher nicht übermäßig nett und auch nicht sehr kollegial, seinen neuen Chef als kleinen Spanner entlarven zu wollen und in zynischer Erwartungshaltung den Feldstecher wie ein Fallensteller in blaue Stempelfarbe zu tunken, aber strafbar war es keineswegs. Zeik machte sich in seiner spontan aufgekeimten Wut keine Gedanken, weshalb er ausgerechnet Bergmann verdächtigte, es hätte auch jeder oder jede andere gewesen sein können.

Und er fragte sich auch nicht, wie es aussehen würde, wenn er zu wissen verlangte, was dem jungen Kollegen eigentlich einfiele, den Chef mit einem präparierten Feldstecher derart hinterhältig bloßzustellen. Das wäre einem Eingeständnis gleichgekommen.

Zeik eilte also unbedacht und ungestüm durch die verwinkelten Gänge des Amtes zu Bergmanns Büro, riss die Tür schnell auf und traf ihn wie erwartet nicht arbeitend, sondern ganz entspannt lesend an. Bergmann schien sich auch nicht aus der Ruhe bringen lassen zu wollen und machte keine Anstalten, den Lesestoff beiseite zu legen. Keine Fachliteratur studierte er, sondern die *Hamburger Morgenpost*, nach Zeiks Ansicht ein linkssozialistisches Revolverblatt schlimmster Sorte, kein Vergleich mit seinem abonnierten, liberalen und ebenfalls gern während der Dienstzeit gelesenen *Bayernkurier*.

Natürlich, dachte er wütend, nur nichts Dienstliches. Dazu noch ein großer Becher dampfender

Milchkaffee nebst halbem Käsebrötchen und aufge-
schnittenem, entkerntem Apfel.

"Herr Bergmann", fuhr er ihn barsch an, " immer,
wenn ich in ihr Büro komme, lesen sie Zeitung!"
"Och", gab der lächelnd zurück, " das liegt nur
daran, dass sie immer dann hereinkommen, wenn
ich gerade Zeitung lese!" In diesem späten, zu späten Moment erst fragte sich Ulrich Zeik erst, in wel-
cher Weise er seinen Untergebenen zur Rede stellen
und maßregeln sollte, ohne sein eigenes peinliches
Verhalten zuzugeben oder nur zu erwähnen. Ihm fiel
keine geeignete Lösung ein.

"Hm, wir sprechen uns noch", mit dieser dumpfen
Drohung verließ ein sichtlich erboster Zeik unbefriedigt und türknallend das Büro seines immer noch
grinsenden Kontrahenten.

Manchmal konnte eine Frontbegradigung, ein
geordneter Rückzug auch ein taktischer Schachzug
sein.

Der hatte bestimmt die böse Sache mit dem Feldstecher eingefädelt, war er sich sicher.

Zusammen mit der immer so unschuldig auftretenden Fahrenkrug. Oder vielleicht mit der dicken
Sebmann-Wicht, die sich immer genauso wichtig
nahm, wie sie gewichtig war. Die mochte ihn nicht
mehr, seit er mal einen richtig guten Tag hatte und
auf ihre Kosten besonders witzig sein wollte. Sie war
in seinem Büro erschienen, um sich die Genehmigung zur Teilnahme an einer Fortbildungsveranstaltung in Berlin unterschreiben zu lassen. Thema der

Fortbildung war die ‚Integration rückkehrwilliger Mütter in den Beruf in Zeiten der elektronischen Datenverarbeitung' gewesen, und sie hoffte wegen des ihrer Ansicht nach besonders dienstnahen und wichtigen Bezuges zum Amt für Wegebau auf Genehmigung.

"Nehmen sie sich zwei Stühle und setzen sie sich zu mir!", hatte er mit anzüglichem Blick auf ihr Gewicht und ihre Ausmaße gescherzt, aber sie war einfach gänzlich humorlos, lachte nicht mit und nahm sich auch keine zwei Stühle. Obwohl er dann widerwillig ihren Antrag unterschrieben hatte.

Typisch Frau! Irgendwie schienen norddeutsche Frauen besonders wenig Sinn für seine feinen Scherze und seinen hintergründigen Zynismus zu haben.

13

Die beiden Polizisten wurden langsam ungeduldig und mahnten doch eine größere Offenheit von Zeik an, schließlich seien sie als Beamte ja quasi Kollegen und täten hier nur ihre Pflicht, die ihnen nicht immer eine angenehme sei.

"Und bei uns im Amt gibt es schließlich auch immer mal die eine oder andere Reiberei", ergänzte der kleinere der Polizisten. "Wir haben hier schon einiges gehört zum Thema Heirat, Versetzung und Beförderung, wir werden doch noch einige ihrer Kollegen befragen müssen, die wohl hoffentlich etwas redseliger sind. Morgen sehen wir dann vermutlich noch mal bei ihnen vorbei, wenn sie uns jetzt nichts mehr sagen wollen." Zeik wollte nicht, gab aber vor, er könnte leider wirklich nicht.

Die Polizisten erhoben sich mit verdrießlicher Miene, da sprang die Tür unerwartet auf.

Schnellen Schrittes kam Johannes Bergmann herein, nickte den Beamten kurz zu und knallte Amtsleiter Zeik die aktuelle Ausgabe der *Hamburger Morgenpost* auf den Tisch.

"Die wollten sie doch lesen, kann danach weggeworfen werden, bitte nur das Fernsehprogramm wiederbringen!", sagte er hinterhältig lächelnd und war auch schon wieder aus dem Zimmer verschwunden. Seltsam berührt verabschiedeten sich die nicht uniformierten Kommissare und irrten durch die Gänge des Amtes für Wegebau, um im Sekretariat Hans-Peter Hartleben zu befragen.

Ulrich Zeik war jetzt ziemlich stark durchgeschwitzt, aber glücklicherweise hatte wegen des schweren, braun-schwarz karierten Sakkos niemand die tellergroßen Flecken im Achselteil seines hellgelben, laut Etikett besonders pflegeleichten Lieblingsoberhemdes mit hohem Polyesteranteil bemerken können.

Das schneidige Auftreten dieses Bergmann war ja schon reichlich unverschämt, aber in gewisser Weise auch entwaffnend, Zeik fiel keine angemessen scharfe oder wenigstens verletzende Reaktion ein. Aber das konnte er noch nachholen, spätestens bei einer fälligen Beurteilung im nächsten Jahr würde er ihn kräftig abwatschen, wie man in seiner bayrischen Heimat sagte. Er freute sich diebisch auf die künftige kleine Rache, auch wenn sie zu seinem Leidwesen noch warten musste.

Das alte *Wochenend* in der verschlossenen Schublade kam ihm in den Kopf, aber so recht konnte ihn die Vorstellung der mittlerweile sattsam bekannten Schmuddelphotos zeigefreudiger Nachbarinnen nicht begeistern. Sie waren so statisch, so wenig lebendig. Die Zeitschrift war ja auch schon mehrere Monate alt und abgegriffen, die Bilder wegen des holzhaltigen Papiers leicht verblichen.

Zeik erwog, *Monis Kino Bunker* einen Besuch abzustatten oder wenigstens von außen hineinzustarren und aufregende Poster leichtbekleideter Schauspielerinnen zu bewundern. *Monis Kino Bunker*, das war ein kleines Sexkino um die Ecke, da sollte es auch Whisky zu den Filmen und nicht näher beschriebenen Service von charmanten Mädchen geben. Er hatte oft und lange mit großen Augen davor gestanden, sich die schönsten Dinge vorgestellt und ausgemalt. Aber noch nie hatte er sich getraut, dieses Kino in einem ausgedienten Luftschutzbunker zu betreten. Manchmal kamen Männer heraus. Einmal war es fast soweit gewesen, in der Mittagspause, aber ausgerechnet im Moment seines größten Mutes war unvermittelt Frau Sebmann-Wicht hinter ihm aufgetaucht.

"Na, Herr Zeik, zu McDonalds oder zu den Mädels? Hahaaa! Wissen sie, was für einen Mann peinlich ist? Nein? Wenn es das erste Mal beim zweiten Mal nicht klappt und wenn es beim zweiten Mal das erste Mal nicht klappt! Hahahaaaa!" prustete sie laut und trampelte weiter zum Schnellrestaurant. Da hatte er sich überhaupt nicht mehr getraut und war missmutig in sein Büro an den gediegenen Schreibtisch zurückgekehrt. Und hatte in seinem eselsohrverzierten Beate-Uhse Büchlein mit dem Titel *Wie man erfolgreich Frauen verführt* geblättert. Was seine Laune nicht eben verbesserte, denn beim Versuch der Umsetzung dieser niedergeschriebenen Tipps vorgeblich erfahrener Verführer war er noch regelmäßig schon im Anfangsstadium kläglich gescheitert. Meist hatte er einen Schirm bei sich, weil in dem Buch stand, dass das hilfreich sei, weil es bei Regen oft unbeschirmte, hilfesuchende junge Damen gebe, die dann gern unter seinen ritterlich dargebotenen Schirm schlüpfen würden. Da es in Hamburg oft regnete, hatten die meisten potentiellen Verführungsopfer in Kenntnis dieser Tatsache leider einen eigenen Regenschirm dabei. Eigentümlicherweise zogen die wenigen ohne Schirm lieber das Nasswerden vor, als sich zu Zeik zu stellen. Aber er wollte nicht unzufrieden sein, immerhin war das Büchlein allemal anregender als das, was er in früher Jugend aus dem elterlichen Schlafzimmer heimlich stibitzt hatte, nämlich ein gebundenes Werk mit dem Titel *Ehehygiene heute*. Ohne Bilder, nur mit Zeichnungen.

Was hatte aber zum Beispiel dieser frech-draufgängerische Bergmann an sich, was er, Zeik, nicht hatte? Bergmann hatte schon zwei Kinder und kam auch sonst, trotz finanzieller Engpässe, bei Frauen gut an. Das gelang Ulrich Zeik in seiner gehobenen Position, mit eigenem Motorrad und auf Kredit gekauftem Reihenhäuschen nie. Unverständlich. Die Welt war ungerecht. Zeik biss in seinen mitgebrachten Müsliriegel mit *amerikanischen Cranberries*. Der sah aus wie zusammengepresstes Hamsterfutter, war möglicherweise auch als solches verwendbar. Allerdings war Hamsterfutter zwar billiger, seiner Vermutung nach aber für den menschlichen Gaumen wohl nicht gar so schmackhaft. Eine sehr gelungene Komposition, die vor allem nicht langweilig schmeckte und auch keinesfalls zu süß war. Er knusperte auf den teilweise gut erkennbaren, ganzen Knusperkörnchen herum, sehr angenehm war zwischendurch das recht säuerliche Fruchtaroma der Cranberries. Anfangs war er ziemlich überrascht, weil es doch ein sehr deutliches und für ihn unerwartetes Geschmackserlebnis war. Schließlich lehnte Zeik Fertigfutter normalerweise gerade wegen der üblichen Geschmacksarmut ab, diese Produkte sollten ja jedermann munden und schmecken daher für gewöhnlich einheitlich nach wenig oder Pappe.

Er griff noch immer schlecht gelaunt und unwillig nach der hingeworfenen *Hamburger Morgenpost* auf seinem Schreibtisch. Unglaublich, womit sich viel zu gut bezahlte Sachbearbeiter die Zeit vertrieben, statt zu arbeiten und Geld hereinzuholen.

14

,...legt die Hände an die Innenseite meiner Schenkel und drückt meine Beine noch weiter auseinander. Dann beugt er den Kopf zu mir herunter und küsst meine Scham. Als seine Lippen meine Haut berühren, entfährt mir ein leises Stöhnen. Ich beobachte, wie er an mir saugt und leckt, wie seine Zunge...' Irgendwelche Abrechnungen fand Hans-Peter Hartleben am heutigen Tage nicht so brennend interessant, und so hatte er es sich in seinem Büro mit einem ,Brennende Fesseln' betitelten Roman in Taschenbuchform füßehochlegend bequem gemacht. Unbefangen hatte er vermutet, wieder mal einen mittelprächtigen Porno in den Händen zu halten. Die eingangs zitierte Ich-Erzählerin war aber Hauptperson in einem Kriminalroman. Inhalt laut Klappentext: ,Eine Frau auf der Suche nach dem Mörder ihrer Schwester.' Das war sehr karg beschrieben, wenn auch nicht verkehrt. Denn auf der Suche nach eben diesem Mörder war die Erzählerin auf das Tagebuch ihrer Schwester und auch auf Informationen von Schwesterchens Liebhaber angewiesen. Schon beim Studium des Tagebuchs wurde deutlich, dass es hier um eine ,atemberaubende Geschichte von Täuschung und Sinnlichkeit, Verlangen und Qual, Obsession und Verrat' (wieder der Klappentext) ging. Der Liebhaber der ermordeten Schwester, im Buche nur M. genannt und des Mordes wahrlich nicht gerade unverdächtig, zeigte sich nur zu bestimmten Bedingungen bereit, bei der Aufklärung zu helfen – einen ähnlichen Ansatz gab es ja schon mal beim *Schweigen der Lämmer*. Diese Bedingungen sollten eher erotischer Natur sein, allerdings ging es ihm nicht um Blümchen- oder Kuschelsex, sondern um sadistisch-masochistische Einlagen von nicht zu unterschätzender Heftigkeit.

Interessant war für Hartleben die deutliche Herausarbeitung eines wesentlichen Unterschiedes im Gefühlsleben der beiden Frauen. Während die eine Qualen hasste und nur erduldete, um überhaupt Aufmerksamkeit und Zuwendung zu erhaschen, versetzen der anderen die sadistischen Spielchen erst den richtigen 'Kick', den sie so vordem nicht kannte und der für sie auch mit Liebe nichts zu tun hatte. Das wurde in einem Moment deutlich, wo der Mordverdächtige ausgesprochen liebevoll mit der Erzählerin schlief und sie davon völlig überrascht war nach dem Motto: Sooo hatte ich mir das aber nicht gedacht. An diesem Punkte erreichte der Roman leider eine hohe Stufe der Unglaubwürdigkeit für Hartleben. Zwar war er keine Frau, aber die Vorstellung, dass sich die Hauptakteurin mit dem mutmaßlichen Mörder ihrer Schwester gerade auf solche Spielchen inklusive der Fesseln und anderer Folterinstrumente einließ, hatte doch etwas sehr unwahrscheinliches – trotz aller sexuellen Begierden hing doch der Normalmensch ein wenig am eigenen Leben. Ein unerwartetes Klacken der Tür riss Hartleben aus seinen gedankenvollen Betrachtungen, er nahm die Füße vom Stuhl, schlug das Buch schnell zu und verbarg es unter einer grünen Akte, möglicherweise stand Chef Zeik vor seinem Bürozimmer.

Es waren glücklicherweise nur die zwei Polizisten, die ihn nach einigem Suchen durch die Gänge gefunden hatten. Er war erleichtert, bat sie fast unterwürfig herein und bot sofort Kaffee an. Da dieses Zimmer, wie auch sein Inhaber, etwas schmuddelig wirkte, winkten die Beamten ab, nicht ohne sich bemüht höflich für das nette Angebot zu bedanken. Etwas befremdlich war der Anblick dieses Büros für sie schon, denn alles lag wirr und unsortiert auf Schreibtischen und Aktenböcken, eingerahmt von noch vollen und bereits geleerten Würstchen-Packungen der Marke *Redlefsen mit Reißverschluss*, und auch umgeben von Kaffeebechern, geöffneten und noch ungeöffneten Coladosen. Dazwischen immer viele grüne wie rosafarbene Akten und auch einige mehrseitige Grundstücksverträge mit Notariatssiegel.

Eine eigenwillige Ordnung, wenn es denn eine war. Was wohl unvoreingenommene Bürger denken mochten, wenn sie diesen desolaten Arbeitsplatz betraten?

Uninteressiert seufzend fragte der kleine Polizist von Wache 12 Hans-Peter Hartleben nach dem Inhalt seiner Tätigkeit. Diese Frage war ein großer Fehler, wie der Beamte zu spät bemerkte, denn er musste sich eine Litanei vom harten Arbeitsalltag des mittleren Beamten Hartleben anhören, von schwierigen Vorgesetzten und noch schwierigeren Bürgern, denen seine mit Kosten verbundenen Bescheide höchst selten gefielen und die ihn oft als typischen, bürgerfeindlichen Beamten beschimpften. Ein Zahlungsunwilliger hatte am Telefon sogar "Sesselfurzer mit Anwesenheitsprämie!" geschrieen und aufgelegt, ein anderer mit den Worten "Für mich sind sie ein Schwein nach dem anderen" seinen Frust abreagiert. Hans-Peter Hartleben kümmerte sich um die Abrechnung der Regenwassersiele, er war für dieses Sachgebiet zuständig, wie es in schönstem Beamtendeutsch hieß. Das bedeutete schlicht: Rechnungen schreiben und verschicken, viele hohe Rechnungen.

Straßen und Grundstücke mussten ja vom immer wieder anfallenden Regenwasser befreit werden, und so wurden entsprechende Kanäle unter allen Hamburger Straßen verlegt, die jeweiligen Anwohner oft mit mehreren zehntausend Euro zur Kasse gebeten, zahlbar binnen vier Wochen. Am besten aber sofort. So stand es in der Hamburgischen Sielbauverordnung von 1959 in der gültigen Fassung von 1984.

Natürlich wollten viele Häuslebesitzer gar keine Entwässerungseinrichtungen, weil das Wasser ja im Garten für die Pflanzenbewässerung dringend benötigt wurde, und beschwerten sich dann in oft unflätigem Ton bei Hans-Peter Hartleben. Weil sie für Dinge zahlen sollten, die sie weder wollten, brauchten, noch benutzten, fühlten sie sich ungerecht behandelt und von uneinsichtigen Beamten gemolken. Aber die Vorschriften waren eben so, und als sogenannter Regensielbausachbearbeiter hatte Hartleben regelmäßig aufgeregte Gemüter zu beruhigen, was angesichts der hohen in Rede stehenden Geldsummen und der sehr kurzen Zahlungsfristen selten gelang. Eigentlich nie gelang. Am Ende landete die Sache immer vor Gericht und die Leute mussten doch bezahlen. Zuzüglich Gerichtskosten und Zinsen.

"Stellen sie sich vor", fuhr Hartleben fort, "ruft mich doch heute so eine renitente Omi an, weil ihr meine Rechnung zu teuer ist und sie nicht bezahlen kann, da sie ihrem Enkel die Ausbildung bezahlt...", aber Polizist Scholz nutzte Hartlebens Atemholen und unterbrach ihn schnell.

"Das ist ja alles wahnsinnig spannend, aber wir interessieren uns im Moment doch mehr für die Dinge und Geschehnisse hier bei ihnen im Amt. Was wissen sie über Frau Fahrenkrug, ihre Beziehungen, Freunde oder Feinde? Die Versetzung kam doch recht plötzlich?" "Plötzlich schon", gab Hartleben amüsiert zurück " sonderlich überraschend aber eigentlich nicht, für mich und die Kollegen jedenfalls nicht." Endlich war er soweit, dachte der Polizist, "Wieso denn das nicht?", fragte er beiläufig.

"Na ja", druckste Hartleben wieder etwas herum, "ich muss hier noch ein paar Jährchen länger arbeiten und will keinen Ärger mit meinem Chef, der ist bekanntermaßen etwas unduldsam...."

"Keine Angst", versuchte der Polizist von Wache 12 zu beruhigen, "wir werden diskret vorgehen und sie nicht in die Pfanne hauen, wir brauchen nur einen groben Überblick über die Ereignisse der vergangenen Wochen und möchten den Fall gern zum Abschluss bringen. Erzählen sie doch einfach mal." Hartleben guckte skeptisch, nahm einen Schluck aus dem schon seit Monaten nicht mehr gereinigten Kaffeebecher, guckte wieder etwas zweifelnd, verzog unwillig die Mundwinkel, legte dann aber doch los. Und wie von den Beamten der Mordkommission bereits befürchtet, fing er bei Adam und Eva an: "Alles begann mit dem wenig erfreulichen Dienstantritt von Herrn Zeik hier..."

15

Irgendwie schien heute alles, aber auch alles seine Sexualhormone ernstlich zum Sausen bringen zu wollen, nicht nur seine Phantasie. Zeik fühlte sich ganz und gar nicht wohl in seinem oft getragenen Polyesterhemd und in seiner eigenen Haut. Auf dem Titelbild der *Hamburger Morgenpost* prangte neben einer breiten Skandal-Überschrift wegen wieder einmal veruntreuter Millionen-Subventionen im Kulturhaushalt der Hansestadt eine nur spärlich bekleidete junge Dame in Schwarz/Weiß, die laut Textunterschrift nur sehnsüchtig auf ihren tollen Bademeister wartete, der ihr gleich die richtige Rückenlage beibringen wolle... Das las sich ansprechend, und die junge Dame, angeblich ‚Rebecca (24)' sah auch recht einladend aus, trotz des groben Zeitungsrasters.

Zeik blätterte lustlos weiter, Nachrichten, Börse, Sportteil, Anzeigen, alles todlangweilig und öde wie sein leerer, grüner Computerbildschirmhintergrund und dieses Amt. Doch halt, nicht alles war wirklich ohne Reiz, man musste nur genau genug hinsehen. Es gab noch weit hinten zwei Seiten mit kleineren Anzeigen, auf denen unter der großen Überschrift *Treffpunkte* kostenpflichtige Liebesdienste junger und älterer Damen angeboten wurden. Manche boten auch nur marktschreierisch Telefonservice unter dem Motto ‚In 30 Sekunden fertig' oder ‚Höre mich Stöhnen' feil.

Unschlüssig und nervös blätterte er die beiden zweifelhaften Seiten hin und her. Neugierig und angeregt war er ja schon, aber was, wenn plötzlich ein Kollege hereinkam? Wie sollte er als seriöser, hart arbeitender Chef dastehen? Zeik stand schnell auf, stieß sich das Knie an der noch aufstehenden Schreibtischschublade, verkniff sich einen Schmerzensschrei und schloss sein Büro von innen ab, prüfte sorgsam, ob die Tür auch wirklich verschlossen war. Vorsichtshalber ließ er den Schlüssel stecken. Wieder am Schreibtisch angekommen, verließ ihn etwas die Courage.

Einfach mal irgendeine anrufen? Konnte er so was tun? Würde in der Telefonzentrale des Amtes mitgeschnitten werden? Was würden seine Eltern denken? Machte es etwas, dass er verheiratet war? Was sollte er sagen? Was würde das kosten? Und welche von den vielen anrufen? Es durfte niemand auch nur das Geringste erfahren.

Er legte sich einen einfachen, unverfänglichen Text zurecht, schrieb ihn auf einen kleinen gelben Zettel, den er im Fall des Falles vorlesen würde:

‚Hallo, ich bin der Andreas, hätten sie wohl etwas Zeit für mich?', stand da jetzt in kleinen Buchstaben. Ja, dachte er, das klingt gut und wirklich sehr unverfänglich, auch wenn ich mich verwählen sollte. Und kriegen oder erkennen tut mich ja keiner, ich heiße ja nicht Andreas und ich muss dann ja auch nicht wirklich hingehen, es ist ja mehr die Neugier und ich bin ja auch verheiratet. Es ist ja auch nicht strafbar... und so jate er für sich weiter, bis der Mut und der Trieb wieder stärker wurden. Vielleicht erst mal die vielen verschiedenen Anzeigen studieren, das Angebot war erstaunlich reichhaltig, ob es das in Nürnberg auch so geben würde? ...hmmm ‚geile blonde Reiterin macht alles mit', stand da. Und eine ‚schamlose Studentin im Mini ohne Höschen, 18 Jahre' bot sich an.

‚Schmusekatze für den gestressten Herrn 25 Jahre' fand er am interessantesten, zumal er sich mittlerweile gestresst fühlte und die in fetten Lettern abgedruckte Telefonnummer darauf hindeutete, dass die Dame vielleicht in der Nähe des Amtes für Wegebau ihren Dienst am zahlenden Kunden verrichtete.

Zeik übte noch ein paar Mal den Satz ‚Hallo, ich bin der Andreas, hätten sie wohl etwas Zeit für mich?' ein und wählte dann zögerlich die Telefonnummer der selbsternannten ‚Schmusekatze'.

Besetzt.
Noch mal gewählt.
Wieder besetzt.
Noch mal gewählt.
Endlich ein Freizeichen!
Er ließ dreimal klingeln.
Jemand nahm ab. Zeik legte außer Atem schnell auf. Er hatte seinen Satz vergessen.

Noch mal gewählt.

Besetzt.

Verdammt!

Wahlwiederholung.

Wieder ein Freizeichen!

Dreimal Klingeln.

Schmusekatze nahm ab.

"Hallo mein Schatz, schön, dass du anrufst. Du findest mich von Montag bis Samstag von 12 bis 22 Uhr in der Eifonstrasse 32 im ersten Stock links klingeln bitte bei Sommer. Ich bin schlank , 25 Jahre jung und habe Kleidergröße 34. Bei mir wirst Du verwöhnt, wie du es dir schon immer gewünscht hast, schmusen, streicheln, Verkehr in verschiedenen Stellungen, Dildospiele und Badespaß. Ich freue mich schon auf deinen Besuch, bis bald deine Schmusekatze. Piep," plärrte eine wohl kindlich-verspielt wirken sollende Mädchenstimme vom Band eines qualitätsmäßig unterdurchschnittlichen Anrufbeantworters, dann war die Verbindung schon unterbrochen.

Das musste Zeik verdauen, der Text ging so schnell und undeutlich, dass er nicht alles mitbekommen hatte. 25? Badespaß? Wie war die Hausnummer? Auch 25? Und er hatte seinen Satz mit ‚Andreas' völlig umsonst auswendig gelernt. Sollte er wirklich...? Vorsichtshalber rief er erneut an, diesmal ertönte kein Besetztzeichen.

"Hallo, mein Schatz, schön, dass du anrufst. Du findest mich..."

Zeik hörte das Band wiederum bis zum Ende an, war ein bisschen aufgeregt und stand leicht neben sich, notierte aber in kleinen, krickeligen Bleistiftbuchstaben auf einem weiteren gelben Notizzettel die Strasse und Hausnummer, versehentlich auch die Konfektionsgröße der Gunstgewerblerin.

Richtigen Sex hatte er in seinem Leben trotz heißer Sehnsüchte und mannigfacher Versuche bei verschiedenen Opfern, gern auch jungen Auszubildenden, noch nicht gehabt. Das meiste spielte sich in seiner nicht eben bunten Phantasie ab, er hatte im Grunde die seelische Reife und den Erfahrungsschatz eines Sechzehnjährigen. Daher beschränkte Ulrich Zeik sich auf praktische Tests, wie damals mit den Präservativen. Oder blätterte in anregenden Schmuddelheftchen. Seine Ehe war eine Vernunftehe ohne körperliche Beziehung, und sein Sexleben beschränkte sich auf kleine Spannereien und das unauffällige Röckegucken bei jungen Kolleginnen. Das mochte manchem arm erscheinen, für Zeik war es eine faszinierende Welt.

Zeik wählte noch einmal die Nummer der Schmusekatze und genoss die Versprechungen auf dem Tonband bis zum Ende, stellte sich vieles bildlich vor. Lust hätte er ja schon, aber... was würde das kosten? Und wie verhält man sich möglichst weltmännisch bei so einem professionellen Modell? Sie

sollte ja seine kaum zu kaschierende Erfahrungsar-
mut nicht sofort bemerken...

Nachdenklich warf Zeik die aktuelle *Hamburger
Morgenpost* zerknüllt, aber ohne Fernsehteil und
unzerrissen in den Papierkorb und steckte den gelben Notizzettel in seine rechte Sakkotasche, zu den
großkarierten Stofftaschentüchern und dem Motor-
radschlüssel. Gedankenverloren stand er auf, stieß
sich erneut das Knie an der Schublade, verzichtete
wieder auf einen eigentlich fälligen Schrei und
schloss bedächtig seine Zimmertür wieder auf.

16

Kaum war die Tür unverschlossen, wurde sie auch schon ohne Anklopfen von außen geöffnet und Johannes Bergmann, ausgerechnet Johannes Bergmann kam gemessenen Schrittes ins Chefzimmer, grinste süffisant, blieb stehen und vermeldete: "Frau Lennart hat sich aus Berlin krangemeldet, sie erscheint erst morgen wieder im Dienst." Und grinste immer noch, schien auf etwas zu warten.

Zeik war überrascht, wollte sich jedoch nichts anmerken lassen, bedankte sich nur höflich und gezwungen lächelnd für die Auskunft und die Überlassung der *Hamburger Morgenpost*, so dass Bergmann schwieg und sich unter Mitnahme des Fernsehteils schnell verzog. Hatte man denn nie seine verdiente Ruhe?

Hatte man nicht, denn eine Minute darauf klingelte das Telefon mit einem modernen elektronischen Klingeln, Abteilungsleiterin Luise Lennart war selbst am Apparat, offenbar völlig verzweifelt und aufgelöst. Es hatte am Vortag einen Unfall gegeben, deswegen habe man ihn in Erfurt nicht abholen können und warten lassen, alles sei ihr sehr unangenehm und höchst peinlich, berichtete sie mit kläglicher, fast versagender Stimme eines verschreckten Vögelchens.

Sie sei aber unverletzt, Enno auch, und als kleine Entschädigung würde man ihn, Zeik, schon am morgigen Abend ins Hamburger Nobelrestaurant *Le Canard* an der Elbchaussee einladen, ihr ‚Ennoschatz' würde auch später dazukommen. Ulrich Zeik äußerte sein Mitgefühl, auch wenn ihn mittlerweile leise Zweifel an Frau Lennarts eindringlicher Darstellung beschlichen. Dann sagte er aber für den folgenden Abend zu, seine Hoffnung auf Teilhabe an der großen Welt siegte. Ehefraumäßig würde ihm schon noch eine weitere, dienstlich gehaltene Ausrede einfallen. Vielleicht sollte er wieder einmal etwas von einer Fortbildungsveranstaltung erzählen, so etwas hatte sie noch immer geglaubt, etwas einfältig, wie sie ihm schien.

Überhaupt, seine Ehefrau. Irgendwie erinnerte sie ihn optisch unwillkürlich an die frühe Margot Honneker, immer mit Dauerwelle, aber ohne die unfachmännisch gefärbten Haare. Und den Zungenschlag der ehemaligen DDR-Bildungsministerin hatte sie auch nicht, sie war im Norden Hamburgs geboren und sprach auch so. Glücklicherweise kein Platt, denn das hätte wohl doch zu Verständigungsproblemen geführt. Allerdings konnte von Verständigung zwischen den Eheleuten auch so keine Rede sein, sie lebten mehr nebeneinander als miteinander. Es gab ausgesprochen selten böse Worte. Manchmal gar keine Worte.

Da hatten sich zwei einsame Menschen gefunden, die nun zwar zu zweit, aber noch immer allein waren mit sich und ihren Wünschen, sowohl in seelischer wie in körperlicher Hinsicht. Sie konnten nicht darüber sprechen, oft herrschte schwer wiegendes Schweigen, dem durch Einschalten des Fernsehgerätes für Stunden oder auch ein ganzes Wochenende Einhalt geboten wurde. Freunde hatten sie keine, mit den neuen Nachbarn hatten sie sich auf Ulrich Zeiks Betreiben hin schnell verfeindet und zerstritten, ein hoher Stacheldrahtzaun zwischen den Grundstücken legte darüber ein eindeutiges Zeugnis ab. Es hätten nur noch Selbstschussanlagen und spanische Reiter gefehlt.

Frau Zeik arbeitete halbtags als Verkäuferin von Damenmode für die Frau ab vierzig und verdiente ganz passabel, so dass ,Familie Zeik' sich das kleine Reihenhaus außerhalb Hamburgs auf Kredit leisten konnte. Immerhin achtzig Quadratmeter Wohnfläche und zweihundertsiebzig Quadratmeter Garten. In dreißig Jahren würde alles abbezahlt sein und ihnen gehören. Und sie könnten hoffentlich gemeinsam die Rente genießen. Das war wohl alles, was sie gemeinsam konnten. Hoffen.

Eigentlich waren die ersten Treffen nach der Chiffreanzeige im *Hamburger Abendblatt* ganz nett und vielversprechend gewesen.

Sie hatte vorgeschlagen, sich in einer Konditorei im Stadtteil Wandsbek unverbindlich zu treffen und

Zeik hatte zugestimmt – auch wenn er eigentlich nur den mit viel Zimt selbstgebackenen Apfelkuchen seiner Mutter schätzte. Dementsprechend war er wenig erbaut, als sie ihm dann auch noch nahe legte, diese angeblich ‚köstlichen Mohrenköpfe' , ‚umwerfenden Saschas' oder ‚superleichten Sahne-Omeletts' zu ordern. Und gerade Mohrenköpfe hasste er nun wirklich von Herzen. Da bekam man normalerweise eine viel zu süße, mit billiger Schokolade umhüllte Kugel, bestehend aus einem überzuckertem Trockenteig, der im Mund immer mehr wurde. Gefüllt war das ganze dann mit einem Pudding-Surrogat, der jedem Genießer angesichts gelatinebedingter Geschmacksarmut und Sämigkeit die Schuhe auszog. Igitt!

Ulrich Zeik wollte an diesem Nachmittag jedoch endlich einmal als Frauenversteher erscheinen und bestellte dann also wie gewünscht, wobei ihn die ziemlich gesalzenen Preise und der etwas schläfrige Service nicht so ansprachen. Aber der dann servierte Kaffee war wirklich ausgezeichnet, heiß und kräftig, und die Kuchenstücke sahen zumindest ganz manierlich aus. Er nahm sich dann einen Mohrenkopf, den Kaffee angstvoll in Griffweite, biss mit sehr, sehr langen Zähnen hinein und war doch ehrlich überrascht. Richtig lecker! Außen dunkle Schokolade von guter Qualität, die Kugel selbst aus einem leichten Biskuitteig, die Füllung aus einem echten, handgekochten und nicht zu süßen Vanillepudding – der beste Mohrenkopf seines Lebens! Eine Offenbarung! So hatten die beiden wenigstens etwas Gesprächsstoff, an dem sonst ernster Mangel zu beklagen gewesen wäre. Der Konditor nannte die dunklen Dinger originellerweise *Othello*, während die mit weißem Guss *Desdemona* heißen sollten.

Ähnlich positiv das Erlebnis mit den sogenannten Saschas, die bestanden aus einer Marzipanunterlage, darauf befand sich eine herbe Mocca-Canaschcreme und das ganze war überzogen dunkler Kuvertüre – einfach göttlich. Gleiches galt auch für die Sahne-Omeletts aus Biskuitteig mit Sahne und Preiselbeeren oder Erdbeeren – die schmecken trotz der vielen Sahne derart leicht, dass Zeik die vielen Kalorien einfach vergaß. Nach diesem Konditoreibesuch hätte Zeik lieber den Konditor geehelicht, aber der stand nicht zur Verfügung.

Eigentlich hatten sich die beiden während der ganzen Zeit nicht über sich selbst und ihre Wünsche unterhalten, sondern über die Qualität der Speisen. Und ansonsten peinlich berührt geschwiegen.

Das wurde später in der Ehe nicht anders. Aber es gab ja den Stereofernseher mit Großbildschirm.

17

"Französischundverkehrallesmitgummifünfzigeuro!"

Es war endlich Zeit für die verdiente Mittagspause, und Zeik war über sich hinausgewachsen.

Trotz erheblicher Bedenken und mannigfacher Angstgefühle hatte sein Trieb gesiegt und er hatte sich nach langem Abwägen und Luise Lennarts Anruf durchgerungen, ‚Schmusekatze für den gestressten 25 Jahre' einen kleinen, unauffälligen Besuch abzustatten. Nur so zur Information.

Den breiten, etwas protzigen Ehering mit Siegel hatte er im unteren Schreibtischfächlein neben dem Radiergummi und dem Bleistiftanspitzer sorgfältig versteckt und hoffte, ihn später, nach getanem Unrecht, dort nicht zu vergessen.

Sein Ziel wäre zu Fuß innerhalb von fünf Minuten erreichbar gewesen, aber weil er nicht von Kollegen oder gar der unberechenbaren Frauenbeauftragten gesehen werden wollte, hatte er einen gehörigen Umweg gewählt, sich immer wieder prüfend umgedreht und mehrere Haken geschlagen. Er war in ein heruntergekommenes Haus aus der Jahrhundertwende gekommen, sowohl die abblätternde, graue Farbe als auch die knarrende Holztreppe zeigten ihm, dass das Haus wohl schon bessere Zeiten gesehen hatte. Vor dem Krieg. Aber es war ja so, dass niemand den Damen des horizontalen Gewerbes normale, gutausgestattete Wohnungen vermieten durfte, er hätte sich wegen verbotener Förderung der Prostitution strafbar gemacht.

Er hatte dann bei *Sommer* geklingelt, wie er es laut Bandansage tun sollte. Wenigstens kein Doppelname.

"Wie bitte?" Zeik hatte nicht recht verstanden.

"Französischundverkehrallesmitgummifünfzigeuro!", sagte die selbsternannte, hellhäutige Schmusekatze, deren Konfektionsgröße trotz der behaupteten 34 wohl eher bei 40 lag, jetzt schon etwas ungeduldiger. "Wie du heißt?" Zeik war etwas verdattert. " Ich heiße Ulri... öhm Andreas ...ähm, ich meine, ja, gut, wie heißen sie denn?"

Sie nannte sich ‚Jacqueline' und war schon in Erwartung von Besuch eher knapp bekleidet, nur mit einem kleinen Höschen und einer dünnen Bluse. Aber es war ja auch warm in der heruntergekommenen Wohnung. "Setzen dich, trinken was?", fragte sie gelangweilt. Zeik setzte sich in einen etwas abgestoßenen, dunkelroten Cocktailsessel von Sperrmüllqualität, wollte aber lieber kein Getränk. Zu groß war seine Angst, jemand könnte ihm vielleicht etwas in den Drink schütten und ihn ausrauben oder Schlimmeres, man konnte nie vorsichtig genug sein.

Unvermittelt setzte sich ‚Jacqueline' auf seinen Schoß, führte seine Hand an ihre Oberschenkel. Das fühlte sich anregend an, sie roch leicht nach abgestandenem Zigarettenrauch, nicht sehr teurem Parfum und etwas nach Schweiß. Überrascht stellte Zeik fest und erinnerte sich auch daran, dass ein junges Mädchen sogar dann sehr angenehm oder zumindest verlockend duften konnte, wenn es kein Deodorant verwendet hatte und wunderte sich über den Erfolg der Industrie. Als wenn Menschen von Natur aus stinken würden, nur weil sie wie ein Mensch dufteten. Ob es Leute gab, die mit einer Deodose auf die Welt kamen? "Ok?" fragte sie. "Ja..." antwortete Zeik gedehnt und überrumpelt, sofort sprang ‚Jaqueline' wieder auf, forderte fünfzig Euro und befahl "Auszieh'n bitte!".

Zeik stand auf, gab ihr zwei Zwanziger und zwei Fünfer, sie guckte etwas misstrauisch auf die Scheine, nahm sie dann aber und verschwand im Nebenzimmer. "Gleich komme wieder!", sagte sie. Während Zeik sich umständlich entkleidete und gerade noch unterbehost war, erschien ‚Jacqueline' wieder, inzwischen schon gänzlich nackt. Rundungen im richtigen Ausmaß und an den richtigen Stellen, wie er angetan bemerkte. Es ist doch wirklich höchst seltsam, dachte Zeik hämisch und griente in sich hinein, dass Frauenbeauftragte nicht so appetitlich und ansprechend aussehen. So arg seltsam nun auch wieder nicht, dann wären sie keine Frauenbeauftragten. Hier täte Frau Sebmann-Wicht wohl nichts verdienen, die Damen werden sicher nicht nach ihrem Kampfgewicht bezahlt. Zu der würde ich nicht mal gehen, wenn sie diejenige wäre, die mir fünfzig Euro zahlte!

Er wollte schon zufassen, da sagte ‚Jacqueline' laut "Waschen, da!" und zeigte auf einen ursprünglich wohl einmal weißen, übergroßen Handstein aus den späten 40er Jahren, der in einer Zimmerecke hinter ihm angebracht war und eine intensive Säuberung ebenfalls nötig gehabt hätte. Zeik muss ziemlich unglücklich geguckt haben, jedenfalls führte sie ihn über einen alten, rotbraungemusterten Teppichläufer mit Fransen schnell zum Waschbecken und war einigermaßen bemüht, ihm beim sorgfältigen Waschen dort, wo ein Mann am männlichsten ist, behilflich zu sein. Das war nicht unangenehm, wenn sich Zeik auch etwas sachlich behandelt fühlte. Aber was hatte er erwartet? Schmusige Zuneigung einer schmusigen Schmusekatze?

Etwas unsanft trocknete sie ihn ab und wies dann auf ein breites Bett, das wohl eine verruchte Spielwiese darstellen sollte. Rote Überdecke, ein paar Plüschkissen in einem helleren Farbton, eine kleine, grob gestrickte Puppe in beige-grün und ein mittelmäßig sauberes, ungebügeltes Frottierhandtuch im Großformat. Am Kopfende hing ein großer, schwarzumrandeter und hintergrundbeleuchteter Spiegel, der eine Abstaubung durchaus hätte vertragen können.

Ein elektronisches Klingeln ließ ihn auf das kleine, dunkelgrüne Tastentelefon blicken, fast wie in seinem Büro, dann sprang der Anrufbeantworter an und jemand hörte sich wohl den Hallo-Mein-Schatz-Text an, den Zeik schon fast auswendig wusste. Deswegen war also dauernd besetzt.

Zeik legte sich zögerlich und unsicher mit dem Rücken auf das Handtuch, ärgerte sich über die beiden blauen Flecke am Knie, von der Schreibtischschublade vorhin. ‚Jacqueline' legte sich unerwartet quer über ihn. Warf sich fast über ihn. Seltsam. Nein, nicht seltsam, sie tat das nur, weil sie am anderen Bettende irgendein Massageöl, eine Packung Präservative (*London*?) und eine halbe Rolle Küchenkrepp aus einem Nachtschränkchen kramte, das dauerte einen Moment. Er griff derweil zu und freute sich an der jungen, frischen Haut seiner gemieteten Geliebten. Offenbar unbeeindruckt schenkte sie ihm ein geschäftsmäßiges Lächeln, stülpte ihm mit geübten Handgriffen das Verhüterli über die Männlichkeit und begann mit mechanischen Bewegungen.

Nach einiger Zeit führte das bei Zeik zu einer nicht überraschenden Reaktion, wenngleich er sich auch vorkam wie ein drittklassiges Werkstück auf einem schnell fließenden Fließband, bearbeitet von einer gelangweilten Arbeiterin, die schon seit Jahren keine Lust mehr auf drittklassige Werkstücke auf einem schnell fließenden Fließband hat. ‚Jacqueline' machte dann noch einige flinke Zungenübungen, die Zeik bis dahin nur aus Zeitschriften und Fernsehen kannte und durchaus angenehm fand. Schnell setzte sie sich mit geübter Bewegung auf ihn, und nach wenigen Sekunden auf und ab, begleitet von rhythmisch-keuchenden Geräuschen, die ‚Jaqueline' vermutlich als spontanes Luststöhnen interpretiert wissen wollte, war auch schon alles vorbei.

‚Jacqueline' erhob sich von ihm vorsichtig und ohne zu kleckern, säuberte sich und ihn mit dem Küchenkrepp und entsorgte das Papier in einen hochwandigen Papierkorb. Der war jetzt bis zum Rand voll mit benutztem Küchenkrepp, Zeik war heute offenbar nicht der erste Gast.

"Wieder waschen?", fragte Zeik etwas unbeholfen und kläglich, aber sie interessierte das jetzt nicht mehr. Irgendwie war Zeik die ganze Situation unangenehm-peinlich, er war innerlich unzufrieden, hatte sich mehr erwartet, auch wenn er mangels Erfahrung nicht genau sagen konnte, was eigentlich mehr. Er verzichtete auf einen erneuten Waschgang.

"Woher kommst Du?", fragte er wegen ihres auffallenden Akzents, "Tschechei?"

"Woher? Aus Pollen, Stettin!", antwortete sie gleichmütig.

"Pollen? Ach so, Polen, ja, da kommen meine Großeltern auch her, damals war es ja noch deutsch", erwiderte Zeik, der mittlerweile etwas auftaute. "Was machst du hier, wenn du nicht... öh... arbeitest?", wollte er wissen, während er im Halbdunkel die zweite Socke suchte und auf seine Armbanduhr trat, die er entgegen eiserner Vorsätze doch abgenommen hatte.

"Ich? Ich arbeiten als Kindergärtnerin, bald ich hier aufhören und will eigenes Haus bauen", sagte sie. "Aus Knete?" fragte er amüsiert, merkte aber, dass er nicht verstanden wurde und zog den mittlerweile gefundenen zweiten Socken falsch herum über.

Das Telefon klingelte wieder und der Anrufbeantworter sprang mit einem Piepen an.

Zeik vermutete, dass er wohl eine andere Frau mit dem Text gehört hatte, denn es wurde ja völlig akzentfrei gesprochen, nicht von seiner Fließband-Polin.

Zeik war mittlerweile vollends angekleidet. ‚Jacqueline', mittlerweile auch wieder in Dienstkleidung, verabschiedete ihn mit ‚Mal wiederkommen!" , schob ihn hinaus und schon stand er wieder vor der Tür, trotz sexueller Befriedigung seltsam unbefriedigt und verstört. Er richtete noch einmal seine Kleidung, strich sich die Haare glatt, kontrollierte das Vorhandensein seines Portemonnaies, seiner Uhr und machte sich diesmal auf den geraden Weg ins Amt. Gut zehn Minuten hatte sein Fünfzig-Euro-Besuch bei ‚Jacqueline' gedauert. Toller Stundenlohn, dachte er, sie wird sich ihr neues Haus wohl wirklich nicht aus Knetmasse bauen müssen und die Wegebaubeiträge auf Anhieb bezahlen können.

Zeik war uneins mit sich und der Welt. Fragte sich, wie eine polnische Kindergärtnerin so ehrlos sein konnte, ihren Körper im Zehn-Minuten-Takt zu verkaufen. Ohne am eigenen Handeln etwas ehrlos finden zu können oder sich zu fragen, was sein eigener Job wohl mit Ehre zu tun haben könnte. Frauen, zu denen ein Mann geht, *wie man zu einer Hure geht*, sollten schon zu biblischen Zeiten *von gerechten Männern nach dem Recht, das für Ehebrecherinnen und Mörderinnen gilt*, gerichtet werden, wurde schon bei Hesekiel im Alten Testament gefordert.

Er musste an die verschwommenen Worte seines Vaters denken, der ihn zwar nicht über das Entstehen von kleinen Kindern aufgeklärt hatte, der aber doch zumindest mit dem Sixpack Präservative gekommen war und auch allgemein darauf hingewiesen hatte, dass beim Zusammensein mit Frauen, wie er es ausdrückte, in erster Linie deren Wünsche zu berücksichtigen seien. Zeik hatte damals nicht recht verstanden, was sein Vater sagen wollte, schloss aber aus dem Gesagten, dass Frauen wohl die besseren, rechtschaffeneren Menschen sein müssten. Und wunderte sich nach seinem Kurzerlebnis, weshalb eigentlich weibliche Vorstellungen von Partnerschaft und Sexualität als gut und wünschenswert galten, während männliche eher der Rubrik ‚schmutziger Schweinkram' zuzuordnen waren. Wie konnte es überhaupt eine unterschiedliche Wertigkeit der Bedürfnisse geben, wo sich doch keines der

Geschlechter seine Wünsche und Vorlieben aussuchen konnte?

18

Er hatte sich nicht ungern überreden lassen, erzählte seiner kürzlich angetrauten und wahrlich nicht angebeteten Frau wie geplant wirres Zeug wegen eines angeblich unaufschiebbaren dienstlichen Fortbildungstermins und fuhr um 18 Uhr des Folgetages mit Abteilungsleiterin Luise Lennart per Taxi ins Restaurant *Le Canard* an der Elbe. Das Angebermotorrad wäre ihm als Vehikel unangemessen erschienen, der Diesel-Opel in *rembrandtsilbermetallic* auch. Dem wenig erbauten Taxifahrer gab Zeik sein Geld nach langer Suche im Portemonnaie auf den Cent genau abgezählt heraus.

Hübsch gelegen, aber weshalb nennt jemand sein Restaurant Ente? Wie auch dem auch sei, dachte Zeik, es muss ja nicht immer das etwas andere Restaurant mit dem geschwungenen, gelben ‚M' sein, es muss auch nicht immer wie in der Behördenkantine eine mit Wasser zuzubereitende gelbrote Tüte mit Fertigtrockenfutter sein. Und als Nachtisch Dosenmandarinensegmente auf künstlich schmeckender Paradiescreme ohne Kochen.

Schön war das Sterne-Restaurant wirklich, wirklich schön gelegen an der Elbchaussee mit sogar abends umwerfendem Elbblick auf den Fluss und die Werften auf der anderen Seite.

Die Räumlichkeiten waren zurückhaltend-hanseatisch dekoriert, bei voller Besetzung war leider die Akustik nicht so toll, eher ziemlich laut. Da würde wohl nur die Anbringung von schallbrechenden Eierpappen an den Wänden helfen, das würde jedoch die Optik arg leiden lassen, lächelte Zeik in sich hinein.

Der Chef des Hauses, der aus Österreich stammende Josef Viehauser, begrüßte seine Gäste persönlich mit Handschlag, eine nette Geste. Zeik fühlte sich wohl und anerkannt. Sehr zuvorkommendes und gut geschultes Personal half dann aus den Mänteln, nicht ohne Luise Lennart und ihm sofort danach ein Glas Wein in die Hand zu drücken und zum Tisch zu führen.

Da war er dann nicht so ganz glücklich, denn es gab Zwangsbetischung, sie saßen mit sieben weiteren, ihnen unbekannten Personen an einem großen, runden Tisch – vielleicht lag das daran, dass der Deutsche bei den Österreichern als gesellig galt? Zumindest saß die Prominenz mit am Tisch, ein bekannter Weinpapst zeigte sich leutselig und tief befriedigt über die Qualität der gebotenen Weine.

Auch Luise Lennart, die in einem wollweißen, etwas zu kurzen Abendkleid mit billiger Brosche wie aus einem Kaugummiautomaten erschienen war, schien ehrlich begeistert zu sein. Und als die großen Rotweingläser serviert wurden, krähte sie fröhlich und etwas zu vernehmlich: "Endlich kommen die Erwachsenengläser!"

Die Runde am Tisch schien eher peinlich berührt, aber Zeik wollte sich nicht schon wieder einen Abend verderben lassen und lächelte nur ein Lächeln, das er für charmant hielt. Verstohlen hoffte er tief in seinem Inneren, dass bei er Gelegenheit die kostenpflichtige Behandlung von ,Jaqueline' einmal von Luise Lennart, dann aber kostenfrei, bekommen könnte.

Außerdem hätte er lieber Weizenbier statt Wein gebechert, bis er strull war. Ein schönes *Prinzregent Luitpold*, dann hätte er auch Gesprächsstoff gehabt. Zum Beispiel über die interessanten Besonderheiten der bayrischen Verfassung und das Königshaus der Wittelsbacher.

Nun war er nicht nur verklemmt, sondern dank mühevoller Erziehung auch sehr reinlich. Seine selige Großmutter sagte einmal: "Wenn Du wissen willst, wie es in der Küche aussieht, geh' auf die Toilette!" Diesen klugen Rat befolgte er auch hier und war angetan: Das Örtchen war zwar schlicht, aber sehr sauber und gepflegt, es gab einzelne, einmal zu verwendende und dann zum Waschen abzugebende Stoffhandtücher, nicht etwa Trockenfön oder Papiertücher für die Hände. Viel besser als der Handstein von ,Jacqueline'. Nur dass ihm im *le Canard* keine Schmusekatze ,Jacqueline' beim Waschen zur Hand ging. Insgesamt war er aber wegen der Sauberkeit guten Mutes, was die Küche anging.

Der Küchenchef schaffte es, dass der jeweilige, auf den Punkt gegarte Gang perfekt mit dem ausgeschenkten, wohltemperierten und wohldekantierten Wein harmonierte. Das war beim ‚gefüllten Hecht vom Zeller See mit Pinot-Noir-Sauce' mit zugehörigem Pinot Noir zwar keine gewaltige Leistung, aber auch die anderen Gänge wie, Taubenkotelett mit Zweigelt-Risotto' ‚Erdäpfelgulasch mit geschmorter Kalbsbacke' ‚Flußkrebssulz mit Kopfsalatherzen' waren bestens abgestimmt. Das war doch etwas anderes als der mit harten Gurkenstücken durchsetzte Kartoffelsalat, wie ihn seine Frau gern bereitete. "Das Restaurant hat seinen guten Ruf zu Recht, hier wird beinahe so gut gekocht wie bei meiner Mutter in Nürnberg", sagte Zeik in die Runde, der dieser Umstand, den leicht angesäuerten Mienen nach zu urteilen, aber wohl schon länger bekannt war. Auch wenn sicher niemand der Umsitzenden die Kochkünste von Zeiks Mutter beurteilen konnte oder auch nur wollte.

Selbst der Nachtisch ‚Burgenländer Savarin mit Sauerrahmeis' war mit den überraschenden Kumquats, den kleinen, bitteren Mini-Orangen unter der süßen Masse gelungen, und Zeik war völlig zufrieden mit sich und der Welt und Luise Lennart. Etwas fehlte allerdings.

"Wo bleibt denn nun Enno Meilen?" fragte er unvermittelt.

"Ich weiß nicht", antwortete Luise Lennart mit Blick auf ihre Armbanduhr, "er scheint sich mal wieder zu verspäten. Heute Abend war ein Gespräch mit dem Tourneeleiter, dann wollte Ennoschatz herkommen." Dazu lächelte sie ihr schönstes Lächeln und strich sich übers strähnige Haar. Sie unterhielten sich noch angeregt eine Weile über das anstrengende Leben von Showgrößen im allgemeinen und Enno Meilen im speziellen und es war naheliegend, dass Luise Lennart aus allen Bewerberinnen zur Beförderung ausgewählt werden würde, auch wenn es nicht ausgesprochen wurde. Luise Lennart schenkte Zeik die neueste Live-Doppel-CD von ihrem ‚Ennoschatz'. Wieder ein Cover, auf dem er in Nietenhosen zu sehen war. Ohne Schlag. Aber Enno Meilen selbst erschien nicht.

Den ganzen Abend nicht.

Luise Lennart war darüber sehr, sehr unglücklich, entschuldigte sich endlos und fast weinend.

Auch Ulrich Zeik war darüber sehr unglücklich und heuchelte, dass er sich Sorgen mache und dass ihrem Mann hoffentlich nichts passiert sei. Am Ende verließen sie beide die ‚Ente', nachdem sie ein kärgliches Trinkgeld von vierzig Cent gegeben hatten, jeder nahm ein Taxi und man fuhr getrennt nach hause.

Zeik begann sich ernstlich Gedanken über Luise Lennart zu machen, fürchtete jedoch die eigenen Gedanken. Hätten sie doch zur Konsequenz haben können, dass er seiner einzigen Vertrauten verlustig ging. Letztlich gefiel Luise Lennart ihm besser als die eigene Gattin, insbesondere fühlte er sich ohne viele Worte verstanden und auch sexuell angezogen.

Ohne, das er dafür eine plausible Erklärung hätte finden können, aber das ging wohl den meisten Menschen in ähnlicher Situation so. Nur dass die sich nicht die unersprießliche Mühe machten, nach einer Erklärung zu suchen, sondern einfach ihre schönen Gefühle genossen.

19

"Wir waren eigentlich alle recht überrascht, dass wir gerade diesen Mann als Leiter bekamen, denn niemand kannte ihn, er kommt nicht aus einer Behörde und zudem aus Bayern.", berichtete Hartleben wenig begeistert. Er schaltete das kleine, schwarze Uhrenradio mit roter Digitalanzeige aus, in dem gerade von *the birds and the bees and the flowers and the trees* gesungen wurde. "Biertrinker sollen ja gemütlich sein, aber Zeik trinkt nur Weizenbier Marke Prinzregent-Wittelsbach oder so und gemütlich ist dieser Mensch wahrlich nicht. Er wollte wie ein frischer Wind völlig neue Sitten im Amt einführen und alles entstauben, dementsprechend ist auch heute noch die Unsicherheit unter den Kollegen groß. Es gab auch ziemlichen Wirbel wegen einer eigenartigen Beförderung, aber genaue Einzelheiten kenne ich nicht und will ich lieber auch nicht kennen. Jedenfalls ist am Ende Frau Lennart eine Stufe aufgestiegen, gegen alle anderen Bewerberinnen, trotz manch' seltsamer Ereignisse und Gerüchte." Die Polizisten horchten interessiert auf. Ob er nicht etwas detailreicher über die Ereignisse und Gerüchte sprechen könne?

Hartleben zögerte wieder etwas, berichtete dann aber von häufigen, unschönen Auseinandersetzungen der drei verbliebenen Hauptbewerberinnen:

"Frau Sebmann-Wicht, Feuerköpf... äh die Verstorbene und Frau Lennart waren sich schon im Vorfeld der Entscheidung nicht grün, es gab eine gewisse Stutenbissigkeit, wie man so sagt. Die drei auf einen Haufen waren nur schwer erträglich, aber so was ist bei Frauen ja keine Seltenheit." Alle hätten sich für besonders geeignete Stellvertreterinnen vom Chef und nahezu prädestiniert gehalten, aber Herr Zeik habe sich wohl am meisten von Frau Lennart versprochen, trotz der vielen kursierenden Schwangerschaftsgeschichten.

"Frau Lennart war von Ihrem Leiter schwanger?", fragte der größere Polizist, nun ernstlich überrascht, "der ist doch schon anderweitig verheiratet, dachte ich." Amtsleiter Zeik war aber wohl nicht der Vater gewesen, jedenfalls ging Hartleben nicht davon aus und grinste amüsiert bei dieser in seinen Augen aus vielerlei Gründen wahnwitzigen Vorstellung.

Frau Lennart war mehrfach wortreich schwanger gewesen, hatte auch schon ein etwas dickes Bäuchlein vorzuweisen gehabt und war in der Personalabteilung zwecks Bekanntgabe ihrer baldigen Mutterwerdung wiederholt vorstellig geworden. Um den landläufigen Vorstellungen vom Ablauf einer Schwangerschaft zu entsprechen, hatte sie in möglichst großer Öffentlichkeit gern Brötchen mit Nussnougat-creme, Gewürzgurken und Weintrauben verspeist, sich öfter wegen starker Übelkeit krankgemeldet. Dann hatte sie wochenlang gefehlt und leider eine traurige Fehlgeburt erlitten. Und leider noch eine.

Solche ungewöhnlichen Ereignisse gab es wohl schon öfter, und die direkt unterstellten Kollegen hatten enerviert berichtet, dass die tränenreich zelebrierten Schwangerschaften lediglich mithilfe von flachen, vor den Bauch gebundenen und unter einem Kleid unsichtbaren Stuhlkissen vorgegaukelt wurden, wohl um auf anderem Wege nicht erreichbar geglaubte Aufmerksamkeit oder vielleicht ein wenig Mitgefühl zu erheischen.

Frau Lennart hatte damals noch als mit Sozialprestige ausgestattete Standesbeamtin gearbeitet und war wegen wenig vorzeigbarer Leistungen und nach mehreren vorgetäuschten Schwangerschaften in das damalige Amt für Wegebau nach Hamburg-Altona versetzt worden. Da würde sie mit ihren geistig-seelischen Tiefflügen und für das menschliche Auge kaum sichtbaren Arbeitsleistungen weniger stören, so hoffte man wohl.

Es gab zwar später einige weitere Schwangerschaften dieser seltsamen Art, aber das interessierte nach dem dritten Mal eigentlich niemanden mehr und war allenfalls dann noch gelegentlich Kantinengesprächstoff, wenn es überhaupt nichts Spannenderes mehr gab. Wie zum Beispiel das unentschieden geendete Fußballspiel eines Zweitligavereins am Abend zuvor oder die interessante und lehrreiche Arzneimitteldekoration im Schaufenster der Apotheke um die Ecke.

"Wollen sie nicht doch einen Kaffee?", unterbrach Hartleben seinen Vortrag, "Ich würde für sie auch gern frischen aufsetzen." Nach erneutem Blick auf die beinahe meldepflichtigen hygienischen Verhältnisse um die Kaffeemaschine herum verzichteten die Polizisten aber schnell.

"Hört sich ja mehr an wie ein schlechter Witz", sagte der kleinere Beamte, " solche Fälle soll es ja ab und zu geben. Aber wir beide hier sind doch auch im öffentlichen Dienst, und wenn einer von uns etwas aus der Spur läuft, gibt es doch viele Hilfen und Personalfürsorge und..."

Weiter kam er nicht, denn Hartleben prustete mit hochrotem Kopf in seine Kaffeetasse und bekleckerte seine bereits vordem stark reinigungsbedürftige Jeans mit einem großen Schluck des warmen, braunen Gebräus. Unwillig sprang er auf und verschüttete dabei noch mehr Kaffee, rieb ein wenig an der Hose, konnte aber das Lachen nicht lassen, verschluckte sich und gluckste herum.

"Tschuldigung", stammelte er zwischen zwei erstickten Hustern, " aber solche Sachen sollten sie nicht gerade dann sagen, wenn ich im Begriff bin, den vollen Kaffeebecher zum Mund zu führen. Personalfürsorge, ich lach' mich tot!" Die Beamten sahen ob der unerwartet heftigen Reaktion zunächst sich gegenseitig und dann wieder den immer noch zappelnden Hartleben verwundert an.

"Personalfürsorge beschränkt sich bei uns auf konsequentes Verschweigen solcher Probleme", fuhr Hartleben atemholend fort, "Betroffene werden im Notfall einfach versetzt und mögliche Mitwissende oder auch nur hilfsbereite Kollegen werden zum Schweigen verdonnert! Und wenn einer nicht spurt, wird er eben auch ratzfatz versetzt." Hartleben fing sich langsam wieder versuchte mit geringem Erfolg, durch heftiges Tupfen und Reiben mit einem alten Wischtuch den Kaffeefleck auf der Hose zu trocknen.

"Oder was glauben sie, weshalb Feuerköpf... ich meine Frau Fahrenkrug so plötzlich und unerwartet hier verschwunden war. Weil man sie dringend woanders brauchte? Ha, das wusste von uns jeder besser, sie selbst sicher auch, aber sie wollte nicht gegen ihre Versetzung vorgehen."

Diesmal fragte der größere Polizist nach dem ‚Warum'.

"Ganz einfach", gab Hartleben zurück, "sie sagte, dass sie eigentlich ganz froh wäre, endlich von diesem Amt und diesem unerträglichen Chef wegzukommen. Zwar wäre ihr ein ehrenvollerer Abgang ungleich lieber gewesen, aber dieser Laden hier war ihr am Ende doch ein zu surrealistisches Irrenhaus, wie sie es immer nannte. Und sie hoffte eben, woanders in Frieden leben und arbeiten zu können, sie war ja immer sehr penibel. Ist ja nun leider alles nicht mehr, auch wenn sie auf einem weniger erfreulichen Weg jetzt ihren Frieden gefunden haben mag." Was denn nun wieder mit Surrealismus gemeint sei, hakten die Beamten neugierig nach und sahen sich an, als käme ihnen auch die augenblickliche Situation etwas eigenartig vor und sie befänden sich versehentlich im falschen Film. In ihren Polizeiwachen und Kommissariaten ging es doch völlig anders zu, meinten sie. Solche Sachen könnte man doch besser beim Bier regeln, es müsste ja nicht unbedingt bayrisches Weizenbier sein.

Aber Hartlebens Redeschwall war beendet, er hatte sich nach eigener Einschätzung schon viel zu weit aus dem Fenster gelehnt und wollte keinesfalls Ärger. Zumal seine eigene berufliche Behördenvergangenheit nicht so sehr rühmlich war:

Er selbst hatte vor seiner Abschiebung ins Amt für Wegebau in der Personalabteilung eines Bezirksamtes seine Tätigkeit mehr schlecht als recht versehen, sehr zur Unzufriedenheit seiner langjährigen, griesgrämigen und aufbrausenden Chefin. Diese Unzufriedenheit und auch die dauernden, leider großenteils berechtigten Zurechtweisungen von oben schmeckten Hartleben so gar nicht, vergällten ihm den ohnehin unschönen und langweiligen Büroalltag, er fühlte sich ausgebrannt. *Burn-Out-Syndrom*, wie dieses Gefühl neudeutsch genannt wurde.

Darum war er eines Tages auf die simple Idee verfallen, in schwierigen Fällen -und schwierig waren für ihn fast alle Fälle-, deren nach seiner Meinung korrekte Bearbeitung im Zweifel nur Beschimpfung durch seine Chefin bedeutet hätte, nicht mehr zu fragen. Nichts mehr.

Sondern solche Fälle schnell und ‚unbürokratisch' zu erledigen. Indem er die schwungvolle Unterschrift der verhassten Vorgesetzten fälschte, nicht einmal sonderlich gekonnt. Sondern dilettantisch. Das war irgendwann herausgekommen, einmal wegen der schlechten Qualität der Imitate. Und dann wegen der Tatsache, dass er mangels größerer Fachkenntnis hanebüchenen Unsinn mit dem Namen seiner Chefin gegengezeichnet hatte, was zu seinem Unmut unweigerlich herauskam und Ärger bedeutete. Großen Ärger.

Personalfürsorge im Sinne von ,Es wird geprüft, weshalb Herr Hartleben solche Angst vor seiner Vorgesetzten hat, dass es für nötig erachtete, die Unterschrift seiner Chefin zu fälschen' gab es jedoch, wie in solchen Fällen üblich, nicht. Es gab vielmehr ein heftiges Disziplinarverfahren mit deutlichen Gehaltseinbußen für Hartleben und das endgültige Urteil lautete: Abschiebung in das Amt für Wegebau, selbst bei guter Führung ohne eine Bewährungschance. Immerhin hatte man bei der Strafzumessung wohlwollend zugute gehalten, dass die Taten ohne Bereicherungsabsicht geschehen waren.

Privat stand es für ihn gleichfalls nicht zum besten. Er hatte eine fünfzehn Jahre ältere Freundin, mehr eine Art Ersatzmutter, mit der er unglücklich zusammenwohnte. Sie hatte ihn mit fester Hand zum Lebensgefährten auserkoren, nicht umgekehrt, er hatte nur nicht ,Nein' sagen können oder wollen. Demnächst würde sie ihn heiraten, und wieder würde er nicht ‚Nein' sagen können oder wollen. Vielleicht brauchte er einfach jemanden, der für ihn entschied, was richtig und was falsch war in seinem Leben. Denn die westliche Zivilisation mit ihrem Freiheitsangebot ließ ihn, auf sich selbst gestellt und ohne Anleitung im Umgang mit Freiheit, immer treffsicher das eigene Unglück wählen.

Wobei ihn die baldige Eheschließung nicht hinderte, seine schon vor Jahren angemietete, kleine Junggesellenwohnung in der Nähe einer Kleingartensiedlung trotz groschengrabbedingter Finanzengpässe zu behalten und eisern gegen alle Widerstände ihr festzuhalten. Anfangs hatten die Kollegen ihm ehrlichen Respekt gezollt, weil er trotz drohender Ehe und Unmut der künftigen Ehefrau seine sturmfreie Bude, die er zweimal wöchentlich nach Dienstschluss aufsuchte, beibehielt. Hartmann war zwar wegen seiner netten Art und seines häufigen Kaffeekochens bei allen im Amt gern gesehen, aber soviel aufrechte Mannhaftigkeit hatte ihm niemand zugetraut. Seine Freundin war wegen seines Widerstands eher ungehalten und setzte ihm folgenlos mehrere Ultimaten zur Aufgabe der Wohnung.

Irgendwann, während eines Außendienstes bei schönem Sommerwetter, war durch einen unerwarteten Zufall die wenig schmeichelhafte Wohnungswahrheit ans Licht gekommen. Es wurde gerade eine Straße in unmittelbarer Nähe seiner Zweitwohnung zwecks späterer Abrechnung begutachtet, da bat eine durchfallkranke Kollegin Hartleben sehr dringend, doch das stille Örtchen seiner Bleibe kurz benutzen zu dürfen. Hans-Peter Hartleben verweigerte die erbetene Hilfe jedoch hartnäckig und nahm das dafür geerntete Unverständnis zunächst in Kauf. Später lieferte nach langen, bohrenden Fragen der Kollegin unbedachterweise doch noch eine plausible Begründung: Die Wohnung war derartig verwahrlost und zugemüllt, dass sie so gut wie unbetretbar war. Deswegen hatte er sie auch um jeden Preis behalten wollen, denn im Falle einer Kündigung hätte er seine Zweitbehausung unweigerlich dem Hausverwalter präsentieren müssen, was wegen des hohen Peinlichkeitsfaktors außerhalb seiner Möglichkeiten lag. Die Kosten einer notwendigen Totalrenovierung hätte er auch kaum tragen können.

So behielt er eben seine zweite Müllwohnung auch ohne kollegiale Respektsbezeugungen und ließ gelegentlichen Spott mit duldsamer Miene und verlegenem Biss in ein immer bereitliegendes, kaltes Würstchen über sich ergehen.

Diese unbedeutenden Kleinigkeiten mussten die Beamten aber nicht wissen, fand er, und so verwies er sie lieber an andere Kollegen: "Ich habe eigentlich schon zuviel erzählt, neben diesen Schwangerschaftsgeschichten gibt's ja auch noch etwas mit dem Suchtbeauftragten, etwas mit der angeblichen Heirat und so, aber darüber befragen sie vielleicht besser Frau Sebmann-Wicht oder Herrn Bergmann, die wissen da mehr als ich. Nicht doch einen Kaffee?" Die Gesetzeshüter winkten ab und überlegten im Stillen, ob dieses Kaffeeflecken-Biotop nicht doch ein Fall für die Seuchenpolizei wäre. Rinderwahnsinn war ja auch nicht an einem Tag entstanden. Sie dankten dann aber nur kurz für die ihrer Meinung etwas zu vagen Andeutungen und verließen Hartlebens Büro, nicht ohne mit einem erneuten Besuch zu drohen, falls sie noch weitere Auskünfte brauchen sollten.

Die Tür klackte zu, und Hartleben biss unsicher und gedankenverloren in sein schon leicht angetrocknetes, an einer Ecke sauerstoffbedingt angedunkeltes Redlefsen-Würstchen mit erreichtem Mindesthaltbarkeitsdatum. "Igitt!", sagte er laut und wollte schnell etwas vom Kaffee nachspülen. Aber der war ja schon auf seiner Hose, fast getrocknet.

20

Von der Wiege bis zur Bahre: Formulare, Formulare!

Der alte Sinnspruch hatte gerade für Beamte schon immer berufsbedingte Gültigkeit, für Feuerköpfchen Heike Fahrenkrug aber in besonderer Weise. Bereits als kleines Kind hatte sie gerne bunte Zettel sortiert, und ihr größtes Glück war es eines Tages gewesen, als die Großeltern mit einem wohlverpackten Geschenk zu Besuch kamen. Nach dem Aufreißen des grün geblümten Geschenkpapiers war der kleinen Heike erst nicht klar, was sie da eigentlich bekommen hatte und sie machte ein unwilliges Gesicht. Der Karton hatte eine ähnliche Form und hellblaue Farbe wie der ihres Halma-Spiels, war nur etwas höher und auch viel schwerer. Er enthielt eine Kinderpost. Ein Spielzeug.

Alles war dabei, damit sich auch ein kleines Kind wie ein vollwertiger Schalterbeamter des mittleren Postdienstes fühlen konnte. Ein kleiner, gelber Postschalter aus Hartpappe. Eine Dienstmütze, ein Kugelschreiber, sogar kleine Stempel zum Selbersetzen der Gummibuchstaben mit passendem Stempelkissen sowie eine Unmenge von verschiedenen Vordrucken im Miniformat. Zufriedener hat sicher selten jemand ein Kind spielen sehen. Man sollte meinen, dass alleine Postspielen für ein Einzelkind auf Dauer etwas öde und zu langweilig sein könnte.

Sie arbeitete jedoch selbstvergessen, beschriftete und sortierte stundenlang und mit Inbrunst Einlieferungsbelege und rosa Zahlkarten, nicht ohne sie wiederholt auf dem dafür vorgesehenen Feld zu bestempeln.

Manchen Menschen liegt Verwaltung einfach so im Blut, wie anderen die Holzarbeit gegeben ist. Als Heike Fahrenkrug in der Schule gerade Schreiben gelernt hatte, macht sie es sich zur Angewohnheit, sogar die abends am Elternhaus vorbeifahrenden Busse auf ihre Weise zu verwalten. Sie malte säuberlich eine Tabelle und füllte sie mit Uhrzeit, Reklameaufdruck und Nummer der vorbeifahrenden Buslinie und konnte so immerhin feststellen, dass jeder Bus nur fast alle zwei Stunden einmal vorbeifuhr. Ihr beruflicher Weg in den öffentlichen Dienst war wohl wirklich vorbestimmt.

Sie gehörte zu den wenigen Ausnahmebeamten, die nicht wegen irgendwelcher Straftaten oder persönlicher Defizite im Amt für Wegebau und Entwässerung gelandet waren.

Ursache dafür war, dass sie der entsprechenden Tätigkeit bereits nachging, bevor dieser Behördenteil zum Abschiebebahnhof für schwierige und aussichtslose Beamtenfälle gemacht worden war.

Und es lag natürlich auch daran, dass sie ein gutwilliger und meist auch unkomplizierter Mensch war. Das, was man unter richtigen Freundschaften versteht, hatte sie im Dienst zwar nicht gefunden, aber doch privat, auch wenn sie seit vielen Jahren alleine in einer schmucken, kleinen Dachgeschosswohnung mit noch kleinerer Dachterrasse wohnte.

Sie war zwar immer gern gesehen, aber keinem im Kollegenkreis von Herzen zugetan. Und erst mit dem Auftauchen von Ulrich Zeik und Luise Lennart im neu entstandenen Amt hatte sie gemerkt, dass auch sie selbst über ein hohes, nicht immer sachlich begründbares Aggressionspotential verfügte.

Beide Personen waren ihr ein Dorn im Auge, ein Gefühl, das durchaus erwidert wurde. Heike Fahrenkrug hatte immer zügig vor sich hin gearbeitet, wie schon in ihrer Kinderpost mit Liebe zur Sorgfalt und zum noch so kleinen Detail. Trotzdem hatte sie kein allzu großes Problem damit, wenn andere, insbesondere junge Anwärter, wie Auszubildende Beamte genannt wurden, diese Liebe und Sorgfalt nur in deutlich geringerem Maße mitbrachten. Akten wurden sorgfältig beschriftet, unter ihrer Unterschrift fehlten niemals Namensstempel, Dienstgrad und Datum, Akten wurden derart akribisch einsortiert, dass sie wirklich bei Bedarf sofort gefunden werden konnten. Nicht für jeden Beamten des sogenannten gehobenen Dienstes, also für Leute mit Abitur und ohne Universitätsstudium, eine Selbstverständlichkeit. Vermerke und Bescheide verfasste sie so, dass sowohl fragende Bürger als auch andere Kollegen schnell erkennen konnten, worum es eigentlich ging – auch nicht immer selbstverständlich.

Was sie nicht zu ertragen vermochte, war die in ihren Augen aufdringliche, dummerhaftige Luise Lennart, das war ihr schon beim ersten Kennenlernen überdeutlich geworden. Dabei handelte es sich keinesfalls weibliches Konkurrenzdenken, sie hielt die Lennart mit ihrer Art, sich zu kleiden und sich zu geben, einfach für eine Schlampe. Insofern war es doch weibliches Konkurrenzdenken. Das aber Nahrung bekam. Als Heike Fahrenkrug sehen musste, wie ihre ungeliebte Kollegin keine noch so winzige Gelegenheit ausließ, sich beim neuen Chef anzubiedern. Fehlt nur noch, dass sie das Röckchen hebt, dachte sie grimmig.

Zwar gärte der innere Zorn immer stärker, je häufiger sie die dankbare Annahme des Dauerkokettierens der Lennart durch den neuen Leiter Zeik wahrnahm, aber sie sagte nichts. Sie brüllte. "Das dumme, ungewaschene Gör braucht eine Tracht Prügel oder eine Zwangsjacke oder beides, sonst nichts!", hatte sie die umstehenden Kollegen sowohl hinsichtlich der Lautstärke als auch des Inhalts erschreckt. "Immer diese Kleinmädchenklamotten, die eine Reinigung vertragen könnten und vom Wegebau versteht sie auch nichts! Null!". Heike Fahrenkrug war erbost, wie Kollegen sie bis dahin noch nicht erleben mussten.

Ungelenken Beruhigungsversuchen von Hans-Peter Hartleben wie "Trinken sie doch erst mal einen schönen Kaffee" blieb der Erfolg völlig versagt. "Ich will keinen Kaffee, ich will nur diese wandelnde

Unerträglichkeit nicht mehr ertragen müssen", antwortete sie ungehalten. Ursache ihrer maßlosen Empörung war eine für Uneingeweihte harmlos und unschuldig klingende Frage der Lennart gewesen.

"Was sind das eigentlich für seltsame, rosa Zettel, die sich in beinahe jeder unserer Akten befinden?", wollte sie im erstaunten Ton eines Menschen wissen, der in seinem Leben noch nie eine Akte gesehen hat und die Sinnfrage stellt. "Wie bitte? Das ist jetzt nicht ihr Ernst!" , hatte Heike Fahrenkrug nachgefragt und "Doch, doch, diese rosa Blätter sehe ich wirklich zum ersten Mal!" von der mit verständnislosen, großen Augen dastehenden Lennart zur Antwort bekommen. "Herrgott, das sind die Durchschriften unserer Bescheide!!! Das, was eigentlich unsere tägliche Arbeit ausmacht!!! Sind sie verrückt geworden?", war die zwar auf den ersten Blick unfreundliche, tatsächlich aber mehr als angemessene Reaktion gewesen. Denn die Frage Frau Lennarts hatte schon eine eigene Qualität.

Die Frage war ähnlich intelligent, als wenn ein berufserfahrener Standesbeamter nach Jahren zu wissen begehrte, was das eigentlich für eigentümliche Zettel seien, die er noch nie gesehen hätte und die die Aufschrift ‚Heiratsurkunde' trügen.

Natürlich wurde diese Geschichte zum Kantinengespräch und natürlich waren die beiden Damen von nun an Feindinnen, von der abgrundtiefen Bösartigkeit und Intrigenhaftigkeit der jeweils anderen überzeugt. Da half auch die gut gemeinte und sicher uneigennützige Idee eines gemeinsamen Frauensolidaritätsessens, vorgebracht von der in solchen Situationen immer stark engagierten Frauenbeauftragten, die sich trotz Diät die Zeit zum ausführlichen Mitessen gern von der Arbeitszeit abgespart hätte, nicht mehr.

Heike Fahrenkrug musste ihren eigenen, unerwarteten Ausbruch erst einmal verdauen, denn als Furie kannte sie sich bis zu diesem Zeitpunkt nicht und als solche wollte sie auch nicht gesehen werden. Einerseits, weil sie meinte, so nicht gestrickt zu sein und Zornesausbrüche für unrecht hielt, andererseits, weil ihr schon mehrere Ärzte unterschiedlicher Fachrichtungen wegen beginnender Herzprobleme von größeren Aufregungen abgeraten hatten. Wobei ein derartiger ein Rat nur begrenzt nützlich war, denn wie sollte jemand reagieren, dem gesagt wurde, er möge möglichst nicht aufgeregt oder nervös sein? Es war ja gerade das Fatale am vegetativen Nervensystem, dass es sich kaum willentlich beeinflussen ließ. Außer vielleicht mit autogenem Training. Oder mit Alkohol.

Sie hatte sich für Alkohol entschieden. Nicht als Säuferin, sondern als Genießerin.

Gegen ein Gläschen als Seelentröster wie im Falle der dummerhaftigen Lennart war ihrer Meinung nach aber auch nichts einzuwenden. In jugendlichem Alter hatte sie noch gar nichts von geistigen Getränken gehalten, sie schmeckten ihr einfach nicht. Angewidert hatte sie den Mund verzogen, als ihr Vater sie an einem Silvesterabend an seinem, in ihrer Nase übelriechenden Bier nippen ließ. Und richtig böse war sie gewesen, als sie auf Vaters Drängen hin auch noch Wodka der Marke *Puschkin45*, das In-Getränk der späten sechziger Jahre, gekostet hatte, denn der Kartoffelschnaps schmeckte genau so eklig, wie Brennspiritus roch.

Mit ihren Schulfreundinnen hatte sie später süße, schwere Weine versucht. Zusammen wurde dann viel gekichert, aber so sehr überzeugend fand sie Wein nicht, auch wegen der Kopfschmerzen am Folgetag. Erst auf ihrer Abiturfeier hatte die Abiturientin Heike Fahrenkrug, Notendurchschnitt immerhin zweikommadrei, ein wohliges Geschmackserlebnis, das war aber ein trockener Wein gewesen, aus dem Elsass. Dabei war sie geblieben, hatte eine Weltanschauung daraus gemacht:

Es gab so viele fürchterlich ungenießbare Sachen, liebliche Weine und sogenannte Dessertweine, die schmeckten ihr wie beschwipstes Zuckerwasser mit Glukosesirup und Cyclamat plus Saccharin. Zum Beispiel ungarischen Gewürztraminer-Ausbruch, eine wirkliche Zumutung und nur für jemanden genießbar, der noch niemals Wein getrunken hat oder sich das endgültig abgewöhnen möchte, war ihre angewiderte Überzeugung. Dafür kostete so eine Flasche Pennerglück auch nur um die fünf Euro, die sie jedoch keinesfalls wert war, dann lieber Discounter Aldis EU-Weinverschnitt aus der Brickpackung.

Tramin in Südtirol war der Ursprung der Traminer-rebe, dachte sie sehnsüchtig, und dort wurde er ihres Wissens auch heute noch angebaut, der Wein hatte eher einen fruchtigen Charakter. Elsässer Weine waren denen der Mosel verwandt, sie boten eine vergleichbare Leichtigkeit und wurden auch aus den gleichen Trauben gekeltert. Dennoch hatten dortige Weine einen schlechteren Ruf als Moselweine, das lag einerseits an der wechselvollen politischen Geschichte, andererseits an der Tatsache, dass lange Jahre unter deutscher Obhut und wegen der Kriegs-zeiten eher billige Rebsorten angebaut wurden. Sie schüttelte sich bei diesem Gedanken, weil sie ihre eigene Liebe zur Sorgfalt und zur Qualität gern auch von anderen Menschen erwartete und hochschätzen würde.

Sie ließ sich Gewürztraminer aus dem Elsass schi-cken, damit hätte sie vielleicht sogar den Zeik beein-drucken können, auch wenn sie pro Flasche nur wenig bezahlen musste. Dieser Wein war sehr tro-cken und sehr würzig, man sollte so etwas schon mal getrunken haben und zumindest gekühlt genießen, sonst wirft einen das opulente Aroma einfach um, dachte sie bei jeder Flaschenöffnung begeistert. Zunächst fiel ihr immer der klare Duft auf, der sie eher an Vulkangestein denn an Früchte denken ließ, dann lief ein Schluck sehr leicht über die Zunge, aber keinesfalls belanglos, im Gegenteil: Trotz der zunächst gefühlten Leichtigkeit war die Geschmacksfülle enorm, einen solchen Tropfen trank Heike Fahrenkrug nicht nur so nebenbei. Das würde auch kaum funktionieren, denn er machte sehr schnell betrunken – eine derartige Wirkung hätte sie bei einem so knarrtrockenen Wein nicht erwartet. Aber es war ein französischer Wein, und in Frankreich erlaubte die Chaptalisierung genannte ‚Verbesserung' in allen Weinqualitäten. Dabei wurde Zucker vor der Gärung zugesetzt, damit er vergärt, dadurch den Alkoholgehalt und die Geschmacksfülle steigerte. Sie hoffte aber dennoch für diesen Wein das Beste ohne Zucker, er schmeckte jedenfalls einzigartig und ein kleines Gläschen ließ die Auseinandersetzung mit Luise Lennart in ein wenig milderem Licht erscheinen. Und für Menschen mit Herzproblemen sollte mäßiger Weinkonsum gesundheitsfördernd sein, hatte wenigstens die Universität in Bordeaux in einer aufwändigen, selbstlosen Studie ermittelt. Die musste es wissen.

Ein weiteres Gläschen versöhnte zumindest für einen Abend auch mit dem neuen Chef, den sie sofort durchschaut und nicht gemocht hatte. Bei seiner Antritts-Show hätte sie am liebsten sofort laut losgeprustet, hatte das aber solange hinausschieben können, bis auch die anderen lachten, weil sie die Formulierung ‚es ist wichtig, was hinten rauskommt' an frühkindliche Witze der einfacheren Kategorie erinnerte. Sie hielt Zeik für genau das, was der auf keinen Fall sein wollte:

Für einen aufgeblasenen, gernegroßen Lackaffen ohne eigenes Selbstbewusstsein, der seine Stärke aus der vermeintlichen Schwäche anderer bezieht. Das ist kein Mann, dachte sie sich und war gleichzeitig über ihr schnelles, vernichtendes Urteil erschrocken, das ist allenfalls ein kleines Männchen.

21

Die Augen des Gesetzes hatten nach ein paar Minuten Sucherei durch die verwinkelten Gänge das Zimmer von Johannes Bergmann entdeckt und traten ohne Anzuklopfen ein.

Sie trafen auf einen entspannt wirkenden, vor einer aufgeschlagenen Tageszeitung sitzenden Beamten, der seinen ernsten Gesichtsausdruck beim Anblick der eintretenden Polizisten zu einem freundlichen Lächeln variierte.

"Sieh' da, die Augen des Gesetzes", griente er, "nehmen sie Platz, wie kann ich ihnen weiterhelfen? Kaffee?" Die Polizisten waren wegen der bislang dürftigen Auskünfte wenig zu Scherzen aufgelegt, fühlten sich leicht auf den Arm genommen und erinnerten sich in diesem Moment an die einstudierten Rollen vom guten und bösen Polizisten. Daher fassten sie Bergmann auch gleich etwas weniger freundlich an: "Was haben sie uns zur verstorbenen Frau Fahrenkrug mitzuteilen? Sie ist unter seltsamen Bedingungen versetzt worden und kaum jemand hier mag darüber reden, aber bisher haben wir noch jedes Mal alles herausbekommen, sie können also auch gleich erzählen, was sie wissen!", schnarrte der kleine Polizist.

Auch eine alte, bewährte Masche. Er hätte auch sagen können: "Bergmann... Bergmann, den Namen kenne ich, da habe ich doch kürzlich was bei uns gelesen. Da war doch mal irgendwas..."

Die meisten Menschen fallen darauf herein und berichten bereitwillig, was die Polizei interessiert und angeblich sowieso schon weiß. Auch hier schien der beliebte Bluff zu wirken. Bergmanns Lächeln verschwand, er holte die hinter dem Kopf verschränkten Arme nach vorn und legte die Hände auf den Schreibtisch, suchte und fand sichtlich nervös seinen schwarzen Kugelschreiber mit dem schwungvollen Werbeaufdruck eines Bestattungsinstituts. "Wieso, was meinen sie?", fragte er erschrocken und verunsichert. "Wir wissen inzwischen, dass wohl niemand aus freien Stücken in diesem Amt für Wegebau arbeitet, jeder hier hat eine dunkle Vergangenheit. Was ist ihre?" war die Replik.

Bergmann war sofort beruhigt und fand sein Grinsen wieder. "Ach so, ja, dieses Amt ist wirklich eine offizielle Endstation, für Verrückte, Kranke und Aufsässige. Und der größte Kranke ist unser neuer Leiter! Nein, keine Angst, war nur ein Scherz." Er redete sich etwas in Fahrt und berichtete von seinen früheren Tätigkeiten im Sozialamt und auch im Jugendamt, wo es ihm wegen des schwierigen Publikums und wegen der überbordenden Arbeitsmenge wenig gefallen habe. Leider hätte es keinen anderen Arbeitsplatz für ihn gegeben, die Behörde sei ja froh, wenn sie überhaupt Leute auf diese sogenannten Arbeitsplätze an der Front setzen könne.

141

Versonnen sah Bergmann aus dem Fenster zum rot geklinkerten, im nachlassenden Sonnenlicht wie ein Fels aus dem Rasen ragenden Mehrfamilienhaus mit den neuen Gardinen und erzählte munter weiter.

"Wissen sie, ich bin da von einem Sozialhilfeempfänger bedroht worden, der schon einmal eine Kollegin kräftig und straflos verprügelt hatte. Ich zog meine Tränengasdose, ohne zu sprühen, schon zuckte der Mann zurück und zeterte das ganze Amt zusammen. Hinterher musste ich mich mehrere Stunden für mein Fehlverhalten rechtfertigen, mir einen Vortrag über die negativen Auswirkungen von passiver Bewaffnung am Arbeitsplatz anhören. Je nun, habe ich geantwortet, mir wäre ein bewaffneter Polizist als Schutz vor den teilweise gefährlichen Hilfeempfängern ja auch lieber. Da war ich bei meinem Chef an den richtigen geraten, der mich stolz wissen ließ, auch schon mal ein Messer am Hals gehabt zu haben, ohne sich zu wehren. Dann ist es ja wirklich schön, dass sie noch leben und mir davon berichten können, habe ich lachend festgestellt. Tja, was soll ich sagen: Man hielt mich daraufhin für besserwisserisch und ungeeignet, mit den berechtigten Ansprüchen dieser unverschuldet in Not geratenen Klientel umzugehen und ich wurde versetzt, das ist die ganze Geschichte."

"Und jetzt sind sie zur Strafe hier gelandet", ergänzte der große Polizist, der sich sehr wunderte, wie so ein ganzes Amt, dass der Stadt Hamburg doch enorm viel Geld einbringen sollte und könnte, als

Strafkolonie für unliebsame Beamte Verwendung fand.

"Nein, ich hatte noch ein halbes Jahr Bewährungszeit unter erschwerten Bedingungen im Jugendamt, da herrschten aber ähnliche Zustände. Lauter Mütter, die nicht die Väter ihrer Kinder kennen und darum den Staat zur Kasse bitten, eine legte mir sogar mal eine Liste mit vierzehn möglichen Vätern vor mit der Bemerkung, dass wohl Horst, den sie auf dem Rummelplatz Hamburger Dom kennengelernt hatte und dessen Nachnahmen und Wohnort sie nicht kannte, der Vater sein würde. Horst vom Dom, ich lach' mich tot! Ich erinnere mich aber noch, wie man mir vor meiner Zustimmung mein künftiges Büro zeigte, nur ganz kurz die Tür auf und wieder zu. Ein ganz normales Arbeitszimmer, glaubte ich da noch. Als ich dann aber tatsächlich anfing, waren hinter der Tür die unbearbeiteten Aktenberge der letzten zwei Jahre, die ich nun innerhalb von sechs Wochen, inklusive der neuen Akten, erledigen sollte. Befehl von oben.

Um ganz offen zu sein: Ich habe dann an den Wochenenden als Gitarrist einer Bluesband Live-Auftritte gehabt. Wir haben oft auch Stücke der *Rolling Stones* gespielt, ohne an die Tantiemen oder Gema-Gebühren zu denken, das galt als vorsätzlicher fortgesetzter Betrug. Ich bekam natürlich ein Strafverfahren, von dem auch diese meine Behörde erfuhr, weil, wie sie ja auch wissen werden, Beamte bei solchen Gelegenheiten gern doppelt bestraft werden. Das Strafverfahren wurde zwar gegen eine

Geldbuße von damals dreitausend Mark eingestellt, aber ein ordentliches Disziplinarverfahren gab es trotzdem. Erst daraufhin kam ich zum endgültigen Abbüßen meiner gerechten Strafe ohne Möglichkeit einer Bewährung hierher, trotz günstiger Sozialprognose", erwiderte Bergmann in schöner Offenheit, froh, das einmal loswerden zu können.

"Das nenne ich wirklich Personalfürsorge", bekam er polizeilicherseits zur Antwort, "aber trösten sie sich, in jedem Amt gibt es so einen Abschiebebahnhof, ich kenne das aus der Justiz: Da ist es die wie fast in jedem Amt die Registratur, wo man die Mühseligen und Beladenen entsorgt."

"Aber deswegen sind wir eigentlich nicht zu ihnen gekommen, Herr Bergmann. Vielmehr wurde uns von ihrem Kollegen Hartleben berichtet, einige Dinge hier im Amt schienen ihm eher surreal. Dinge, die mit seltsamen Eheschließungen, Beförderungen und auch dem Suchtbeauftragten zu tun haben sollen. Fällt ihnen dazu etwas ein?" Bergmann fiel schon etwas ein, er wusste jedoch nicht, ob er damit herausrücken sollte, schließlich war er selbst involviert. "Hm", machte er, "der Suchtbeauftragte ist bei uns mit dem Personalrat identisch, dem sollte man besser nichts erzählen, was oben nicht bekannt werden soll, der petzt sofort. Obwohl er Arbeitnehmervertreter ist. Besser, man hat kein Alkoholproblem. Ich habe jetzt aber einen Termin wegen eines Widerspruchs und daher keine Zeit mehr für sie, am besten wenden sie sich doch bitte wegen der anderen

Geschichten an unsere wichtige Frau Sebmann-Wicht, aber stören sie sie nicht bei der Nahrungsaufnahme, dann wir sie unweigerlich unleidlich!"

Die Polizisten sahen sich an und dachten beide, dass sie doch recht häufig von einem zum anderen geschickt wurden, der kleinere sagte aber: "Vielleicht haben sie recht, Frau Sebmann-Wicht scheint irgendwie ein schwerwiegender Punkt in dieser Angelegenheit zu sein. Wenn sie uns sagen könnten, wo wir sie finden...?" Johannes Bergmann konnte, aber die Beamten hätten die Frauenbeauftragte des Amtes für Wegebau und Entwässerung auch ohne die Beschreibung gefunden, so laut war ihre Stimme in den Gängen zu vernehmen. Sie hinterließen Bergmann in einem Zwiespalt, den der zuhause mit traurigem Gitarrenspiel auszuhalten versuchte. Es war der Zweifel zwischen ,ich habe richtig gehandelt' und ,ich bin an allem schuld'. Kein schönes Gefühl.

22

"Die Anzahl meiner Diäten? Wollen sie die Reihenfolge enumerativ oder willkürlich? Hahaha-haaaaaaaa!" brüllte Frau Sebmann-Wicht gerade ins Telefon, als die Herren Ordnungshüter ihr Büro betraten. Sie winkte den Beamten stürmisch zu und wies mit großer, ausladender Geste aufgeregt auf die beiden leeren und wie üblich ungepolsterten Besucherstühle. "Nach der letzten gescheiterten Bananendiät versuche ich jetzt eine neue Eierdiät, aber so viele Eier kann ich gar nicht essen, wie ich abnehmen müsste, hahaha!" gab sie ins Telefon, "Entschuldigung, ich habe hier zwei Herren, die mich sprechen wollen, ich rufe sie wieder an, Frau Rehmann-Paffrath!", sagte sie sehr laut und legte auf.

"Das war eine wichtige Kollegin, eine Frauenbeauftragte aus Bremen, schließlich müssen wir eine gemeinsame Strategie zur Eindämmung der allgegenwärtigen und leider alltäglichen Frauendiskriminierung entwickeln. Was gucken sie so?"

Ihr war der Blick der Polizisten aufgefallen, der beeindruckt auf dem schwer beladenen Schreibtisch ruhte. Sämtliche Akten waren abgeräumt und lieblos auf den Boden gestapelt worden, die PC-Tastatur und sämtliches Arbeitsgerät waren zur Seite geschoben. Auf dem Tisch stapelten sich längs aufgeschnittene Brötchen, eine 250-Gramm-Packung Rahmaufstrich, eine 800-Gramm-Packung Fleischsalat mit besonders viel Fleisch, mehrere Sorten Wurstaufschnitt aus der 99-Cent-Pro-100-Gramm-Kategorie, acht aufgeschnittene Harteierhälften sowie eine Pfundpackung Mousse-au-Chocolat zum Nachtisch.

Die Polizisten fühlten sich bei sicher deplazierten, hämischen, wenn nicht latent frauenfeindlichen Gedanken ertappt. "Oh, wir wollten nicht beim Essen stören.... nehmen sie gar keine Butter?", fragte der kleine Mann von Wache 12 unvermittelt. "Nein, die macht dick und ich bin auf Diät", blökte Frau Sebmann-Wicht, während sie genüsslich den Rahmaufstrich fingerdick auf eines der halbierten Brötchen schmierte. "Aber weil ich sowieso beim Abnehmen bin, kann das Essen auch noch warten, was kann ich für sie tun?", fragte sie wie nebenbei, während sie sich ein halbes Ei hineinstopfte.

Die Polizisten sagten wieder ihr Sprüchlein von den Ermittlungen auf und wollten wissen, was es denn im Zusammenhang mit der Verstorbenen an surrealem gegeben habe, insbesondere zum Thema Beförderung, Heirat und Suchtbeauftragter. "Wieso standen eigentlich nur Frauen zur Auswahl?" fragte der große Polizist, der sich zwar noch niemandem vorgestellt hatte, der aber auf den Namen Polzer hörte.

"Nuuur Frauen? Was soll das denn heißen???", wurde er ob dieser unvorsichtigen Formulierung angefahren, " gerade wir Frauen wurden über viele Jahrhunderte immer benachteiligt, obwohl wir bewiesenermaßen besonders für Führungspositionen geeignet sind. Jede Einzelne hier, insbesondere ich, hätte das Zeug zu dem Job gehabt, aber ausgerechnet Frau Lennart hat ihn bekommen. Das hat jetzt nichts mit fehlender Solidarität unter Frauen zu tun, aber die hat es nun wirklich nicht verdient oder sich hochgeschlafen, und wie die schon immer herumläuft!", empört gönnte sich Frau Sebmann-Wicht ein weiteres Halb-Ei.

"Öhm, warum denn nicht?" fragte Polizist Polzer leise und verschüchtert.

"Warum denn nicht?", echote die Frauenbeauftragte laut, " ich will hier keine Interna verraten, schlecht über andere sprechen oder mich beschweren", dann tat sie es aber doch, und nicht einmal widerwillig. In epischer Breite berichtete sie von ihrer Konkurrentin Lennart, nur kurz und nebenbei von der verstorbenen Heike Fahrenkrug. Besondere Freude schien ihr die Geschichte von den Scheinschwangerschaften Luise Lennarts zu bereiten, " die hatte sogar schon der Show halber das Eltern-Magazin abonniert," amüsierte sie sich laut, "und in Wirklichkeit hatte sie sich immer ein Stuhlkissen vor den Bauch gebunden, hahaaaa!" Aber diesen Part kannten die Polizisten ja bereits. Nun wurde es interessanter, denn es ging um die Beförderung.

Nachdem Frau Sebmann-Wicht erneut laut über ihre schmähliche und ungerechte Übergehung lamentiert hatte, beschrieb sie auch die bisherigen beruflichen Leistungen Luise Lennarts in düstersten Farben. "Die hat einfach Null gebracht. Hat sich beim Chef eingeschleimt, ist mal mit ihm essen gegangen und das war's. Ihre Statistik fürs vergangene Jahr: Null! Das Jahr davor: Null! Aber sie hat erzählt, dass sie dieses Jahr 20 Millionen mehr holen werde als wir alle zusammen, dabei hat sie bis zum heutigen Tag noch keinen Cent beisammen. Aber man hat ihr jedes erlogene Wort geglaubt, man wollte ihr jedes erlogene Wort glauben und sie ist es geworden! Ich nicht und Frau Fahrenkrug auch nicht! Wollen sie auch ein Brötchen? Ist lecker!" Aber die Beamten wollten nicht, sie wollten lieber mehr erfahren.

"Na gut", sagte die Frauenbeauftragte etwas unwirsch, "sie werden es ja sowieso erfahren: Die Fahrenkrug ist strafversetzt worden, weil Zeik dachte, sie hätte die Lennart aus Rache für die Nichtbeförderung beim Suchtbeauftragten angeschwärzt. Hat sie aber gar nicht, Hahaaaaaaaaa!"

Der gute und der böse Polizist verließen die Frauenbeauftragte mit dem Gefühl, dass sie am heutigen Tage vielleicht nichts Nahrhaftes mehr zu sich nehmen sollten. Und beide dachten sie, dass sie sich trotz mancher Kritik an ihren Ehefrauen eigentlich glücklich schätzen könnten.

23

Oft saß Johannes Bergmann allein in seiner hellen, beinahe schmucklosen und preisgünstigen Zwei-Zimmer-Wohnung unweit seines Arbeitsplatzes im Amt für Wegebau. Nicht, weil er keine Partnerin gehabt hätte, nein, zuweilen dürstete ihn förmlich nach selbstverordneter Einsamkeit. Nach dem stundenlangen, dumpfen, sinnfreien Starren an die blassgelb gestrichene Zimmerwand. Pure Zweckfreiheit. Völlig kahl war die Wohnung jedoch nicht, immerhin gab es ein paar von Kinderhand gemalte Klecksereien an der seitlichen Wand des Kleiderschrankes und für weitere Farbtupfer sorgten einige bunte Gitarren, die sich in aufrechten Gestellen ungeordnet im Raum verteilt befanden.

Dann spielte er Blues auf seiner altgedienten elektrischen Gitarre, dann wurde ihm der Kopf klarer und er selbst fühlte sich innerlich beruhigter. Auch wenn seine Gedanken, wie bei Bluesmusik wohl nicht anders zu erwarten, eher in traurige und dunkle Landschaften glitten. Klarer Kopf und schweres Herz.

Zuweilen kam er sich vor wie in einer *Welt am Draht* im alten Roman aus dem Jahr 1964 von Daniel F. Galouye. Dort gab es eine normale, belebte Welt, die sich eine zweite, naturgetreue Simulation als zweite Welt ‚am Draht' geschaffen hatte, um die

Zukunft und ihre Bedrohungen besser vorhersehen zu können. Diese zweite, künstliche und nur elektronische Welt enthielt auch Menschen, Einheiten genannt, die von ihrer Eigenschaft als nummerierte Simulationseinheit nicht wussten und sich für reale Personen hielten. Das war praktisch, denn so konnte man von der ersten, realen Welt aus studieren, wie sich die simulierten Einheiten in bestimmten, manipulierbaren Situationen verhielten und die gewonnenen Erkenntnisse auf die eigene Welt anwenden.

Zumindest das Amt für Wegebau und Entwässerung schien so eine Welt am Draht zu sein, die ganzen Geschehnisse, angefangen beim röckeguckenden Chef, könnten eher einer billigen, schlechten Kabarettnummer entnommen zu sein als der Realität. Vielleicht sollte getestet werden, wie er als einzige normale Einheit auf die abstrusen Vorgänge reagierte? Wobei sich die Eigenschaften einzig und normal schon per definitionem ausschlossen.

Bergmann amüsierte sich königlich darüber, wenn in einer Tageszeitung angeblich sorgfältig recherchierte, unglaublich chaotische Zustände in deutschen Behörden angeprangert wurden. Wenn die wüssten, was sich hier wirklich täglich abspielt, würden sie es niemals drucken, dachte er. Weil sie Angst haben müssten, dass ihnen diese Geschichten kein noch so einfältiger Leser glaubt, sie sind einfach zu absurd. Bei allem Ärger musste sich Bergmann allerdings eingestehen, dass die Behörde als Arbeitgeber auch den durchgeknalltesten Mitarbeiter nicht verhungern ließ, ein sicher aller Ehren werter und auch für die Betroffenen nahezu unbezahlbarer Umstand.

Er blickte gedankenvoll auf die Geschichte des öffentlichen Dienstes zurück. Früher hatten viele hier Unterschlupf gefunden, die eben nicht Leistungsträger und besonders stark waren. Sie hatten in der Behörde ihr Auskommen gehabt. Welchen Sinn konnte es machen, alles zu privatisieren und effektiver zu gestalten? Die Menschen wurden dadurch doch nicht anders, und ihr täglich Brot brauchten sie auch. Am Ende ein Nullsummenspiel, denn letztlich ist es gleichgültig, ob die Leute als Arbeitslose oder als Mitarbeiter Geld bekamen – verhungern lässt man ja aus moralischen Erwägungen heraus niemanden. Beamte mit ihrem unkündbaren Status waren ursprünglich einmal eingeführt worden, damit sie ohne Angst um ihren Arbeitsplatz ihre Meinung und auch gelegentlich ‚nein' sagen konnten. Man ging davon aus, dass Duckmäusertum nur von realer Gefahr gespeist wurde und übersah, dass viele Menschen geradezu wild nach Anpassung waren und angebliche Bedrohungen nur eine Alibifunktion hatten, um geräuschlos zu funktionieren. Denn erstaunlicherweise duckten sich im Amt für Wegebau alle vor ihrem neuen Chef, obwohl gar keine tatsächliche Gefahr für Job oder Leben von ihm ausgehen konnte.

Bergmann ließ die mitspielenden Personen vor seinem geistigen Auge Revue passieren:

Da war ein Chef, der völlig bar jeder Sachkenntnis Parolen aus der freien Wirtschaft, die dort schon seit Jahren als überholt galten, nachplapperte und als eigene Ideen zu verkaufen suchte. Genauso wenig, wie ein Zitronenfalter Zitronen faltete, schien dieser Amtsleiter ein Amt zu leiten.

Da war eine Frauenbeauftragte, die sich als Frau nur deswegen benachteiligt und nicht als vollwertige Frau fühlte, weil ihr mal der Galan weglief und sie nie einen Neuen fand. Die angeblich dauernd Diäten machte, immer voluminöser wurde und mit einem derart lauten Organ lachte, dass die Wände wackelten und alle Menschen im Umkreis von zwanzig Metern sich erschreckten.

Da war ein Kollege, der sich von eingeschweißten Würstchen mit Dosencola ernährte, Akten verschwinden ließ, Unterschriften fälschte und sein karges Gehalt großenteils in Groschengräbern kleiner Spielhallen verlor. Der wiederholt ermüdende Witze der untersten Abteilung von sich gab, wie kürzlich, als er beim Kaffeetrinken aufstand und mit der Bemerkung, er könne einen Elefanten imitieren, seine Hosentaschen von innen nach außen stülpte. Das wären schon mal die Ohren, hahaha!

Und dann diese obskure Abteilungsleiterin Luise Lennart, die gewaltige, sicher behandlungsbedürftige

Persönlichkeitsprobleme hatte und Schwangerschaften und Ehen vortäuschte. Und ein Nullpensum leistete, das ins Minus zu driften drohte.

Und Feuerköpfchen Heike Fahrenkrug, sehr nett und eher still, war aufgrund vermutlich seiner eigenen, Bergmanns Schuld einfach so versetzt worden und nun tot.

Nicht zuletzt er selbst, den letztlich nur sein öffentliches, illegales Gitarrenspiel in dieses Amt gebracht hatte. Endgültig gebracht hatte.

Als Ausweg blieb nur Freitod oder Frühpensionierung.
Hinderlich wie überall, ist der eigene Todesfall, hatte schon Wilhelm Busch gedichtet.

Den ersten Weg hatte vielleicht Feuerköpfchen, den zweiten Weg hatte auch schon ein Kollege gewählt, der es seinerzeit doch lukrativer fand, koreanische Mädchen per Katalog zu verhökern. Ihm selbst hatte er damals auch eine angeboten, aber Bergmann stand mehr auf kräftige, möglichst blonde Frauen. Und diese kindhaften Frauen aus dem Katalog wollte er sowieso nicht.
Der damalige Kollege mit Namen Andreas Lenschow war zwar Alkoholiker, aber auch ein Original gewesen. Stolz hatte er sich immer damit gebrüstet, das jeden Montag erscheinende, 300-seitige Wochenblatt *Der Spiegel* bereits um sechzehn Uhr

komplett während der Arbeitszeit durchgelesen zu haben. Inklusive Klatschteil und Neuerscheinungen auf dem Büchermarkt. In dieser Zeit konnte Lenschow natürlich keine Akten bearbeiten. Was er aber ohnehin selten tat oder beabsichtigte. *Gottes Segen allein macht reich und nichts tut eigene Mühe hinzu*, war seine der Bibel entnommene Lebensphilosophie, die er auch gern im Dienst zur Anwendung kommen ließ und sich selbst deswegen ironisch als gottesfürchtig bezeichnete.

Ohne dass es jemand hätte wissen wollen, tat er jeden Morgen -wirklich jeden Morgen- kund, dass ihm am heutigen Tage ,wohl nicht der große Wurf' gelingen würde und dass er überzeugter Anhänger des kubanischen Sprichwortes *Wer die ganze Nacht schläft, hat am Tage Anspruch auf ein wenig Ruhe* sei.

Einmal gab es deswegen Ärger, denn Lenschow hatte immer einen großen Aktenstapel als Blickfang auf seinem Schreibtisch platziert, damit es nach Arbeit aussah. Er rührte den Stapel niemals an. Auf der obersten, hellgrünen Akte lag ein kleiner Zettel mit Anordnungen seines Abteilungsleiters, wie in dieser Angelegenheit zu verfahren wäre. Zufällig hatte jener Abteilungsleiter nach acht Monaten diesen eingestaubten Zettel noch einmal bemerkt und von der Akte genommen, um etwas zu ergänzen. Dabei fiel ihm auf, dass die Akte, bedingt durch acht Monate täglicher Sonneneinstrahlung, dunkelgrün verfärbt war. Nur die Stelle mit dem Zettel leuchtete dem Betrachter in der ursprünglichen, helleren

Farbe entgegen, Lenschow hatte den ganzen Stapel nicht ein einziges Mal berührt. Schriftlich deswegen gemahnt, hatte er ebenfalls schriftlich erklärt, furchtbar überlastet zu sein und ‚weiter so arbeiten' zu wollen wie bisher.

Was sollte man mit ihm tun? Der *Karawane des Grauens* Amt für Wegebau gehörte er ja bereits an. Da blieb nur die frühe Pensionierung, legitimiert durch eine Bescheinigung beamteter Ärzte.

Wirklich eine Welt am Draht, dachte Bergmann und entlockte seiner Gitarre traurige, langsame, tief melancholische Töne. Er hätte nur gern in Erfahrung gebracht, wer am anderen Ende des Drahtes die Simulation steuerte und was er herauszubekommen gedachte... und wer eigentlich den wunderschönen Begriff ‚Personalfürsorge' einst prägte.

24

Über die damaligen Bewerbungsgespräche hatte sich Ulrich Zeik schon weit im Vorfeld königlich und ohne Ende amüsiert, sogar seiner wenig interessierten und gelangweilten Gemahlin beim gemeinsamen Samstagsfrühstück mit Eiern, Speck und kleinen, fetten Würstchen hatte er davon in aller Ausführlichkeit berichtet.

Ging es doch um den schon lange vakanten Posten seines Stellverstreters, der nun, trotz sogenannter Wiederbesetzungssperre, doch besetzt werden sollte. Zwar wäre es Zeik schon wichtig gewesen, einen fachlich versierten Vertreter zu bekommen, der dann die Arbeit erledigte, während er selbst mit ‚Leiten' und eigener Karriereplanung beschäftigt war. Aber so sehr wichtig waren ihm die eigentlich geforderten und auch wirklich erforderlichen fachlichen Voraussetzungen nicht, Loyalität und gesunde Anpassung, wie es der Gewerkschaftsmensch vornehm ausgedrückt hatte, waren ungleich wichtiger.

Natürlich war sich Ulrich Zeik über manche Ungerechtigkeit im Klaren. Letztlich verdankten Leute wie er, die alle mindestens zwei Jahre die Karriereleiter emporklettern wollten, ihren Aufstieg der fügsamen Arbeit von Untergebenen, die aber für sich selbst keine Heraufstufung erwarten durften. Eigentlich war sein Amt einem Baum vergleichbar:

In erster Linie kam es auf die Wurzeln an und nicht so sehr auf den Affen, der in seiner Krone saß und die Früchte verzehrte. Aber er wollte nicht sentimental sein, er hatte das System und die Ungerechtigkeit der Welt nicht erfunden, passte sich nur geschmeidig den Gegebenheiten an.

Insgesamt hatte es für den Stellvertreterjob achtzehn ganz passable Bewerber aus verschiedenen Behörden, aber auch dem Amt für Wegebau selbst gegeben. Nur drei waren am Ende nach einem sechswöchigen, leicht willkürlichen Ausleseprozess in die engere Wahl gekommen. Das waren Frau Sebmann-Wicht, die rothaarige Frau Fahrenkrug und, natürlich, Luise Lennart gewesen.

Ausschließlich Frauen, darum bedurfte es bei dieser Personalentscheidung keiner weiteren anwesenden Gleichstellungsbeauftragten, denn wegen ihres Geschlechts konnte nun keine der Bewerberinnen mehr benachteiligt werden. Diese Beauftragten mussten immer dann dabei sein, wenn sich sowohl Männer als auch Frauen um denselben Job rangelten. Sie sollten darauf achten, dass bei gleicher Eignung stets ein weiblicher Bewerber Erfolg hatte, um die zu niedrige Frauenquote im öffentlichen Dienst zu erhöhen, so wollte es das Gesetz. Zum Verdruss der meisten Frauen- und Gleichstellungsbeauftragten wurden sie bei solchen Gesprächen dennoch kaum noch beteiligt, weil sich immer mehr Männer ihrer geschlechtsbedingten Chancenlosigkeit bewusst wurden und auf eine Bewerbung von vorneherein verzichteten. Das böse Wort vom ‚Tittensozialismus' hörte man daher männlicherseits wiederholt auf den Gängen des Amtes, ursprünglich die originelle Wortschöpfung eines sozialdemokratischen Ministers.

Und so oblag es Zeik zusammen mit genau dem Personalratsmenschen, der auf der Versammlung die einschläfernde Rede gehalten hatte und der auch Suchtberater dieser Finanzbehörde in Personalunion war, in eigener Machtvollkommenheit nach pflichtgemäßem Ermessen zu entscheiden. So etwas mochte Zeik und er aalte sich in seiner eigentlich unverdienten Machtfülle, zumal die Entscheidung für seine Favoritin Luise Lennart bereits unverrückbar gefallen war und die anderen beiden Frauen trotz langjähriger Gewerkschaftsmitgliedschaft keinesfalls in Frage kamen.

Dennoch machte es ihm einen Heidenspaß, die gespannten Bewerberinnen zu einem langfristig vorterminierten Gespräch zu laden. Und mit mal todernstem, mal wichtigem und dann auch wieder unschlüssigem Gesicht die Damen tanzen und sich winden zu lassen. Im übertragenden Sinne natürlich. Hach, war das köstlich, wie jede der hoffnungsvollen Frauen ihre Vorzüge, bisherigen Leistungen und angeblich künftigen Pläne in ausführlichster Breite priesen. Offenbar dachte jede, wenigstens das Zeug zum Hamburger Bürgermeister zu haben, oder, wie

Frau Sebmann-Wicht formulieren würde, zur Bürgermeisterin. Erste Amtshandlung wäre dann sicher die Vergrößerung der Kantine, tja, Hoffen und Harren hält manchen zum Narren, feixte Zeik in sich hinein.

Frau Fahrenkrug war noch die stillste und zurückhaltendste von allen, gefolgt von Luise Lennart, die fast nur auf ihre künftigen Millionen Euro hinwies, die sie hereinzuholen versprach und dabei mit schüchternem Lächeln die Rolle des angepassten Frauchens spielte. Wie sie unsicher dasaß und vorsichtig unter ihrem strähnigen Pony hervorlugte, wirkte sie fast so mitleiderregend wie eine Tanzschülerin im Anfängerkurs, die angstgepeinigt ihre Nichtaufforderung zum nächsten Tanz befürchtet. Dem Personalrat kam das Gerede von den Millionen zunächst etwas märchenhaft vor, aber er wollte nicht ahnungslos wirken und schwieg.

Frau Sebmann-Wicht erzählte als letzte lautstark von ihrer bedeutenden Funktion im Rahmen der Frauenförderung und verwies auf den Umstand, dass sie bereits früher, vor der Zentralisierung, stellvertretende Leiterin eines Amtes für Wegebau gewesen sei und dort permanent Großes geleistet habe. Allerdings ließen ihre Beurteilungen weniger auf besondere Leistungsfähigkeit denn auf eine gewisse Geselligkeit schließen, worauf Zeik denn auch gerne süffisant hinwies. Genau wie auf den Umstand eines mittelgroßen Schadenersatzverfahrens wegen einer

Jahre zurückliegenden Falschberechnung. Herrlich, wie die sonst so selbstsicher auftretende Frauenbeauftragte sich wand und alles, aber auch alles zu erklären und entschuldigen suchte. Sich als unverzichtbare, vorausschauende Leistungsträgerin darstellte. Als ob es darauf angekommen wäre. Tanz, dachte Zeik. Er liebte diese Tänze der Verlierer, wie er diese trotz lange vorher feststehender Entscheidung vorschriftsmäßig stattfindenden Schaugespräche für sich getauft hatte.

Dem Personalrat war die ganze Prozedur einfach nur zu langweilig, er begnügte sich mit ein paar Standardfragen nach dem Motto ‚Was befähigt sie denn ihrer Meinung nach besonders für eine so hohe Führungsposition?‘, hörte den engagiert und eifrig vorgetragenen Antworten eigentlich nicht zu und war in Gedanken bei seiner Urlaubsplanung. Nach Dänemark sollte es diesmal gehen, auch wegen der Kinder, trotz der hohen Preise und einseitiger Hot-Dog-Ernährung mit viel Softeis als regelmäßiger Nachspeise. Da konnten sich die Kleinen wenigstens so richtig austoben, ohne dass sich jemand daran störte. Und die Abzockerei mit der Kurtaxe gab es auch nicht.

Ein unbeschreiblicher Hochgenuss war es dann für Ulrich Zeik, die einzeln vorsprechenden Damen wissen zu lassen, dass das Ergebnis nach sorgfältiger Prüfung und Abwägung zu gegebener Zeit mitgeteilt werden würde. Angeblich sollten auch die Dauer der

Zugehörigkeit zum öffentlichen Dienst und soziale Gesichtspunkte, beispielsweise Behinderungen oder Anzahl der Kinder, für die Auswahl der richtigen Bewerberin von Bedeutung sein.

Wieder so ein innerer Reichsparteitag.

Wohl wissend, dass die Bewerberinnen bis zur angeblich bevorstehenden Entscheidung im eigenen Saft schmoren und besonders willfährig sein würden. Und so war es auch tatsächlich, zumindest Frau Sebmann-Wicht war in den folgenden Tagen bemerkenswert leise, vordergründig leistungswillig und beinahe weiblich, machte auch keine lauten oder abfälligen Witze über ihn. Wenigstens nicht in seiner Nähe.

"Frau Sebmann-Wicht, wenn sich Männer mit ihrem Kopf beschäftigen, dann nennt man das denken. Wenn sich Frauen mit ihrem Kopf beschäftigen, dann nennt man das frisieren", hatte Zeik lächelnd einen seiner Meinung nach köstlichen Witz aus der Tageszeitung zitiert, aber vor lauter Angst um den erhofften Posten hatte sie sich statt erboster Frauenpower-Sprüche nur ein gequältes Lächeln abgerungen und auf den Weg ins Schnellrestaurant begeben.

Wie selbstverständlich wurde dann Luise Lennart befördert, trotz ihrer bekannt schlechten Performance in den letzten Jahren und trotz warnender Stimmen wegen fast mit den Händen greifbarer psychischer Probleme. Darauf mit allem aufgebrachten Mut von besorgten Kollegen angesprochen, verkündete Zeik: "Gehen sie bitte an ihre Arbeit, ich möchte nicht, dass über dieses Thema noch ein Wort verloren wird!", und das wurde es in seiner Gegenwart auch niemals mehr, auch nicht von der sonst so wortgewaltigen, gewichtigen Frauenbeauftragten.

25

Kollegen habe ja die grundgesunde Angewohnheit des Tratschens, und so war auch Johannes Bergmann schon der eine oder andere witzig gemeinte Hinweis bezüglich eigenartiger Persönlichkeitsdefizite von Luise Lennart zu Ohren gekommen, meist beim gemeinsamen Mittagessen mit anderen Sielbausachbearbeitern, natürlich immer ohne Zeik. Bergmann hatte das nie sonderlich ernst oder wichtig genommen.

Auch nicht, als Kollegen von den seltsamen Schwangerschaften berichteten. Auch nicht, als die gleichen Kollegen klagten, sie müssten demnächst Frau Lennarts ersten Hochzeitstag feierlich mit Kaffee und Kuchen begehen. Jeder hat schließlich seine kleinen Schwächen, die ihn liebenswert machen, dachte Bergmann.

Ihm kamen erst stirnkräuselnde Zweifel beim Anblick eines Geburtstagsumlaufes. Ein Kollege sollte in der bevorstehenden Woche seinen zweiundvierzigsten Geburtstag feiern und solche Ehrentage waren immer beliebter Anlass, eine vorgefertigte, mit lustigen Sprüchen versehene Geburtstagskarte unter den Kollegen herumgehen und unterschreiben zu lassen. Diesmal war es glücklicherweise keine von den Karten mit den unsäglichen Witzen oder zweideutigen Bildchen, sondern ein eher schlicht gehaltenes Druckwerk mit einfachem Blumenmuster und freundlichen Glückwünschen.

Einige hatten schon unterschrieben, und Bergmann hatte schon seinen schwarzen Kugelschreiber mit der Beerdigungsreklame gezückt, da fiel ihm eine ungewöhnliche Unterschrift auf: Luise Lennart hatte mit ‚Luise Lennart-Meilen' unterschrieben. Bergmann setzte auch seinen Namen darunter und wurde doch zunehmend nachdenklich. Möglicherweise hatten die anderen Sachbearbeiter doch nicht so unrecht und die Frau hatte ein Problem. Oder mehrere Probleme. Schwerwiegender Natur.

Eine innere Eingebung ließ ihn trotz datenschutzrechtlicher Bedenken bei ehemaligen, aber noch befreundeten Kollegen im Einwohneramt und auch im Standesamt telefonisch nachfragen.
Die überraschten Angerufenen weigerten sich zunächst und meldeten gleichfalls Zweifel wegen des zu beachtenden Datenschutzes an. Nach Schilderung der Problematik waren sie aber auskunftswillig, wenn auch zögernd. Frau Lennart war niemals mit Enno Meilen verheiratet gewesen, lautete das eindeutige Ergebnis.
Sie war vor Jahren von einem Felix Lennart geschieden worden und seitdem keine neue Ehe eingegangen. Irgendwie hatte Bergmann so etwas geahnt.
Um letzte Zweifel zu beseitigen, besorgte er sich aus dem Internet die Telefonnummer des offiziellen

Fanclubs von Enno Meilen und rief zweifelnd an. Dort zeigte sich eine freundliche junge Dame höchst amüsiert wegen seiner Nachfrage, versicherte aber mit herzerfrischendem Lachen, dass Herr Meilen nach dem Ende seiner letzten Ehe nicht wieder geheiratet hätte, insbesondere keine Luise Lennart-Meilen. Noch immer lachend legte sie auf und Johannes Bergmann kam sich sehr dämlich vor.

Langsam legte er den Telefonhörer auf die Gabel. Zwar hatte er jetzt telefonisch die gewünschten Informationen bekommen, aber was sollte er mit ihnen anfangen? Frau Lennart ansprechen? Herrn Zeik? Den ganz sicher nicht.

Er beschloss, erst einmal die Kollegen zu befragen, die am gleichen Tag mit Frau Lennart ‚Hochzeit' im Amt feiern sollten. Mit Kaffee und selbstgebackenem Kuchen. Leider waren fast die ganze Abteilung im Außendienst zwecks Überprüfung der noch abzurechnenden Strecken, und so traf er nur auf Herrn Hegeleit. Einen Wegebausachbearbeiter, der aber auf Nachfrage gern bereit war, sein ganzes Leid ausführlich zu schildern. Herr Hegeleit war in diesem Moment gerade nicht mit Sachbearbeitung, sondern mit der Batteriebestückung seines relativ neuen CD-Spielers beschäftigt. Zu seinem Ärger passten zwar normale Mignon-Zellen, aber dann ging das Batteriefach nicht vollständig zu und der Player stand auf halb acht – das war wohl vom Hersteller ernstlich so gewollt. Man musste also die nächst kleineren Batterien wählen, die dann mittels Adapter, der immerhin dabei war, passten. "Laut Aufdruck soll eine Batterieladung fünfunddreißig Stunden halten, tut sie aber nicht, nach spätestens zweiundzwanzig Stunden war eigentlich spätestens Schluss!", erregte er sich.

"Das ist wirklich ärgerlich!", begann Bergmann das Gespräch unter Männern und wechselte abrupt das Thema. "Eure Frau Lennart ist ja gar nicht verheiratet!"

"Nö, das wissen wir schon ziemlich lange, wir haben ja auch selbst private Kontakte zum Einwohneramt", gab Herr Hegeleit schief lächelnd und doch leicht beschämt zurück. "Wir durften bloß immer nichts sagen und mussten schon im letzten Jahr ihre angebliche Hochzeit mit dem Schlagerfuzzi im Amt feiern. Gott, war das peinlich, es krampfte sich mir immer der Magen zusammen, wenn die Lennart von ihrem ‚Ennoschatz' und seinen Leistungen in der Welt und im Bett erzählte. Dazu haben wir sogar noch klassische Hochzeitsmusik und danach die größten Hits von Enno Meilen hören müssen – ich hätte wirklich lieber lästige Kundschaft bedient oder schwierige Akten bearbeitet wie jetzt gerade!" Er bastelte hingebungsvoll weiter am wackeligen Batteriefach seines CD-Spielers.

"Aber so geht's doch nicht", warf Bergmann ein, "die Frau ist doch für jedermann offensichtlich krank und braucht ziemlich dringend Hilfe!"

"Hilfe braucht sie ganz sicherlich – doch wer soll denn wem was sagen, ohne die eigene Karriere zu riskieren, also ich mache das ganz sicher nicht!", antwortete sein Gegenüber mit fester Stimme, "Dann feiere ich eben jedes Jahr einmal ihren Hochzeitstag, wenigstens gibt es immer reichlich Gebäck. Irgendwann wird ihr der ausufernde Quatsch ja auch vielleicht zu langweilig oder sie macht anderswo Karriere. Oder sie heiratet wirklich mal. Aber da wird sich vermutlich kein Dummer mehr finden und Zeik ist zu seinem eigenen großen Ärger schon vergeben."

Niedergeschlagen musste Mathias Bergmann feststellen, dass es wohl im ganzen Amt niemanden gab, der bereit war, das Thema ,Frau Lennart und ihre Scheinschwangerschaften und Scheinehe' auch nur mit der Kneifzange anzufassen. Da wurde einfach totgeschwiegen, wenn die Dame auch keinerlei dienstliche Angelegenheiten erledigte. Bemerkenswert. Und sie hatte es bis zur Abteilungsleiterin gebracht. Er beschloss, in dieser Angelegenheit tätig zu werden. Nicht, um einer sicherlich kranken Frau zu schaden, sondern weil er den Eindruck gewonnen hatte, dass ihr nur aus Angst und Unsicherheit heraus Hilfe verweigert wurde.

Bergmann verabschiedete sich, ging langsam in sein eigenes Büro und drehte die Sache im Geiste hin und her, wog nach allen Seiten ab. Um sein eigenes berufliches Vorwärtskommen machte er sich keine Gedanken, denn das Thema war durch seine angeblich betrügerischen Gitarrenauftritte irreversibel abgehakt. Also rief er, weil er keinen anderen Rat wusste, beim mit dem Personalrat identischen Suchtberater an, machte eine ungefähre Andeutung der Thematik und bekam das Versprechen des Suchtberaters, schon in einer halben Stunde bei ihm vorbeizusehen.

Das gegebene Versprechen wurde eingehalten, gut gelaunt kam der Suchtberater, diesmal nicht im hellgrauen Anzug, sondern in modischen Jeans und sportlichem Polohemd mit grünem Krokodil-Aufnäher. "Na, was sind das denn für Geschichten, die sie da am Telefon vorhin angedeutet haben? Da braucht wohl wirklich jemand Hilfe", stieg er ins Gespräch ein. "Aber dafür sind wir gewählten Vertreter ja da, also erzählen sie doch einfach mal der Reihe nach, wir werden bestimmt eine für alle Seiten befriedigende Lösungsmöglichkeit finden." Bergmann war froh, mit jemandem sprechen zu können, der ein gewisses Verständnis auch für seine eigene Seelenpein zu haben schien, denn schließlich wollte er für Frau Lennart nichts Schlechtes, im Gegenteil. Bisher war sie nur eine lächerliche Witzfigur und tatsächlich wusste er persönlich kaum etwas über diese eigentümliche Abteilungsleiterin.

Und so erzählte er alle ihm bekannten Einzelheiten, erzählte alles in einem großen Bogen, fast ohne Punkt und Komma. Über die Stuhlkissen-Schwangerschaften. Über das Null-Pensum ihrer Arbeitsleistung. Und über die angebliche Ehe mit einem großen Schlagerstar.

Was Bergmann zu diesem Zeitpunkt nicht wissen konnte: Der Suchtberater hatte bereits am Vortag in seiner Eigenschaft als Personalrat der Beförderung Luise Lennarts auf Drängen Zeiks zugestimmt. Die Sache war in trockenen Tüchern. Er hatte ja nichts gewusst von ihren psychischen Defiziten, und Zeik hatte so sehr für die Lennart und ihre überreichlichen Fähigkeiten geschwärmt.

Am Ende der langwierigen Leidensgeschichte angekommen, meinte der Suchtberater dann, das sei ja alles gut und schön, aber ,da müsse jetzt noch Butter bei die Fische', wie man in Hamburg zu sagen pflegte, wenn noch Substanz oder ein Beweis fehlte. "Kein Problem", antwortete Bergmann sofort, "gehen sie jetzt einfach mal in ihr Zimmer. Sie wird sich freuen, denn sie feiert gerade zusammen mit den Kollegen ihren ersten Hochzeitstag, die papierene Hochzeit mit Enno Meilen. Ich möchte lieber nicht mitkommen, ich kann das nicht mitansehen!"

Zweifelnd erhob sich der Suchtberater und verließ Johannes Bergmann, um sich die ominöse Hochzeitsfeier anzusehen.

26

Obdachlose waren ihre Leidenschaft.

Nur von ihnen fühlte sich Luise Lennart nach ihrer Scheidung noch ernst genommen, die dankten immer so freundlich, wenn sie ihnen die Obdachlosenzeitung *Hinz und Kunst* abkaufte und noch einen Euro extra für Essen drauflegte. Und noch freundliche Worte fand.

"Danke, gnädige Frau, und alles Gute für sie!" , hatte der bärtige Penner, der immer mit einer kleinen weißen Ratte in seiner zerschlissenen, grüngrauen Feincordjacke und seinem alten Schäferhund auf einer ursprünglich einmal gleichmäßig dunkelbraunen, jetzt aber stark mit hellen Flecken gesprenkelten Decke am Steindamm hockte, zu ihr gesagt. *Gnädige Frau*, das hatte sie in ihrem Leben nicht oft zu hören bekommen. Dumme Kuh dagegen schon weitaus öfter. Offenbar gab es unter den heruntergekommenen Gestalten in den Hauseingängen richtige, gut erzogene Ehrenmänner. Die sie als Mensch und ehrbare Frau so zu schätzen wussten, wie sie tatsächlich war. Die keine übermenschlichen Leistungen von ihr verlangten. Außer gelegentlich Kleingeld.

Ihre Ehe war nicht glücklich gewesen, obwohl sie es anfangs dachte. Vielleicht lag es an ihrem kindlichen Gemüt, an ihrer sehr einfachen geistigen Struktur, aber eine solche Erkenntnis wäre ihr natürlich nicht zugänglich gewesen. Felix, ihr Mann, war häufig unterwegs, er war vielbeschäftigter Ingenieur und Schichtleiter auf einer großen Werft, oft auf Montage und Luise Lennart vereinsamte mangels anderer zwischenmenschlicher Kontakte zusehends. Sie wollte gerne Kinder haben, am liebsten einen Jungen und ein Mädchen, und ein kleines Häuschen im Grünen bauen. Und ein Bäumchen pflanzen. Aber wenn sie auf das Thema zu sprechen kam, antwortete Felix immer fast singend mit seinem Lieblingszitat vom Siebziger-Jahre-Liedermacher Ulrich Roski:

"Ich muss gesteh'n, obwohl das eher gegen mich spricht, Kinder und Kleintiere liegen mir nicht!" Damit war die Angelegenheit für ihn erledigt. Endgültig.

Sie hatte dann vorgeschlagen, weil sie die Anti-Baby-Pille als Verhütungsmittel angeblich nicht vertrug, auf eine neue, in Funk und Fernsehen beworbene Methode namens *Persona* umzusteigen. In der stillen und natürlich unerwähnt gelassenen Hoffnung, auf dem neuen Weg doch noch den lange gehegten Kinderwunsch erfüllt zu bekommen. Viele Nachbarinnen waren damit schon erfolgreich gewesen und nun glückliche Mütter. Oder jedenfalls Mütter. Zu ihrem Ärger war ihr Mann nicht dumm genug, sich auf so etwas einzulassen.

"Wer kauft denn so etwas?", hatte er in ablehnendem Tonfall mit hochgezogenen Augenbrauen gefragt, wie es der langohrige Mister Spock vom

Raumschiff Enterprise kaum überzeugender gekonnt hätte. "Wenn mir mein Autohändler erzählt, die Bremsen des angepriesenen Fahrzeugs würden mit 94%iger Sicherheit funktionieren, würde ich vom Erwerb doch eher absehen. Kommt überhaupt nicht in Frage!"

Persona war eine Art batteriebetriebener Empfängnisverhütungscomputer, der in der Grundausstattung inklusive 16 Teststäbchen um die 80 Euro kostete und eben eine etwa 94%ige Sicherheit vor unerwünschter Schwangerschaft offerierte. Mittels Urinproben wurden die unfruchtbaren Tage einer Frau ermittelt, und eine ampelartige Farbanzeige (Rot = Nein! / Grün = los!) machte deutlich, in welchem Zeitraum gefahrloses Zusammensein ohne Präservative und Nachwuchssorgen möglich sein sollte. Nur zur Schwangerschaftsverhütung taugte er offenbar nicht, allein in seinem Kollegenkreis hörten mittlerweile vier süße Babys auf den Vornamen Persona. Daher blieb Felix nach eigenem Bekunden nur die überlieferte Methode seiner Oma: Einen Apfel essen. Stattdessen!

Er fasste seine Frau nicht mehr an und betrieb gegen ihren Willen die Scheidung, nicht nur wegen der sexuellen Abstinenz oder weil sie langsam aus dem Leim ging. Ihn störte, dass Luise geistig das Niveau einer Zwölfjährigen mitbrachte und nicht weiterentwickelte, obgleich er das auch lange Zeit vor der Heirat hätte bemerken können. Sie kämpfte mit allen Mitteln gegen die Trennung, konnte vor Gericht die Scheidung wegen angeblich unzumutbarer Härte auch einige Jahre hinauszögern. Aber am Ende doch nicht verhindern. Sie hatte niemanden mehr, auch keine persönlichen Freunde. Ihren Vater hatte sie nicht gekannt und ihre Mutter lebte demenzkrank in einem spezialisierten hessischen Pflegeheim.

Das einzige und vorzeigbare Glück in ihrem Leben war diese Ehe gewesen, die für sie wie ein imaginärer Schutzschild war, wenn es sonst mit anderen Menschen, besonders in ihrem damaligen Job als Standesbeamtin, schwierig wurde. Und es wurde sehr oft sehr schwierig. Was sollten andere auch mit einer im Grunde Zwölfjährigen anfangen, die trotz fehlender Reife das Abitur und die Beamtenprüfung dank kurzer Röcke knapp bestanden hatte? Diese Prüfungen bevorzugten gemeinhin nicht große Geister oder kühne Denker, sondern Leute, deren größte Fähigkeit im Auswendiglernen und korrektem Wiedergeben bestand. Es gab belastenden Dauerärger im Amt, weil ihre gleichsam nicht vorhandenen beruflichen Leistungen von anderen aufgefangen werden mussten. Luise Lennart war sehr unglücklich, da sie von allen Seiten nur starken Druck und unfreundliche Ablehnung, aber kein Verständnis oder gar Zuneigung spürte. So baute sie Stück für Stück ihre schöne Scheinwelt auf und glaubte am Ende selbst an die eigenen, bunten Phantasiegebäude. Ergötzte sich an der scheinbar selbstlosen, aber nur bezahlten

174

und schlecht geheuchelten Anerkennung durch Penner und Obdachlose in der Nähe von Bahnhöfen. Geriet noch weiter ins abseits, weil sie im täglichen Dienst statt erledigter Arbeit nur noch langatmige, unglaubwürdige Vorträge über ihr vorbildliches, soziales Engagement ablieferte. Und sie hatte ihren unerfüllten Kinderwunsch nie aufgeben können, wenngleich sie mit anderen kleinen Kindern nicht sonderlich gut zurechtkam und schon überfordert war, wenn sie nur für eine Stunde die vierjährige Nachbarstochter beaufsichtigen sollte.

Möglicherweise resultierte ihr überstarker Kinderwunsch aus einer halben Abtreibung, wie sie es nannte. Die hatte sie noch vor ihrer Ehe vornehmen lassen, weil ihr damaliger Freund, der Vorgänger vom Felix, sich nach eigener Aussage als Student finanziell nicht in der Lage sah, ein Kind zu versorgen. Zuerst sollten die allgemeinen Rahmenbedingungen stimmen, hatte er gesagt, erst das Nest und dann der Rest. Schweren Herzens musste sie den Abbruch vornehmen lassen. Halbe Abtreibung sagte sie dazu, weil der gutmütige Arzt ihr tröstend versichert hatte, dass das Kind wegen innerer Schädigungen sowieso keineswegs lebend auf die Welt gekommen wäre und sie es in den nächsten Wochen verloren hätte. Aber echter Trost, der ihr die tiefen, unergründlichen Schuldgefühle hätte nehmen können, war es nicht gewesen.

Und so hatte sie sich unter sträflicher Umgehung einer seelenärztlichen Behandlung in erfundene Schwangerschaften hineingesteigert, was sich zunächst vielversprechend anließ:

Die Kollegen waren plötzlich nett und rücksichtsvoll, wenn auch mehr von der unausgesprochenen Hoffnung getragen, sie im Falle einer Mutterschaft endlich loswerden zu können. Sie bekam auch weniger Schwierigkeiten wegen ihrer unverändert schlechten Leistungen. Nach sechs Wochen Selbstsuggestion glaubte sie fest an eine Schwangerschaft, abonnierte teure Elternzeitschriften und blätterte hingebungsvoll im standesamtseigenen Vornamenswörterbuch. Wenn es ein Junge würde, sollte er Kevin Felix heißen, ein Mädchen sollte auf den Namen Julia hören. Jedoch wurde mangels tatsächlicher Schwangerschaft ihr Bauch nicht umfangreicher, da half nur das geschickte Vorbinden von Stuhlkissen. Mit dem bald unvermeidlichen Eingeständnis einer Fehlgeburt wurden die Kollegen aus tatsächlichem Mitgefühl noch netter, aber nur für einen sehr kurz bemessenen Zeitraum. Mit jeder weiteren vorgetäuschten Schwangerschaft samt folgender Fehlzeit mit Fehlgeburt nahm die Freundlichkeit ihrer Umgebung weiter ab und drohte, in völligem Desinteresse zu versanden.

Selbst der langeweilegeplagte Leiter ihrer Personalabteilung bekam die sich häufenden Merkwürdigkeiten nach der dritten angeblichen Schwangerschaft mit, wusste sich nicht zu helfen und ignorierte das Phänomen Luise Lennart geflissentlich. Engagement hätte auch nur freudlose Mehrarbeit und unentgeltliche Beschäftigung mit psychischen Problemen anderer bedeutet.

So fuhr Luise Lennart in ihrer Not schwerere Geschütze auf. Sie musste das wohl tun und es hatte nichts mit souveränen Überlegungen oder durchdachten Vorausplanungen gemein.

All ihre unerwiderten Gefühle, all ihr Sehnen hatte sie, wie es junge Mädchen in der Pubertätsphase oft eine Zeitlang tun, auf einen bekannten Sangesstar fokussiert. Enno Meilen war ihr Traumprinz, der sie verstehen und lieben würde, sie versäumte keines seiner Konzerte, sofern es nur irgendwie erreichbar war. Oft wartete sie vor seinen Nobelhotels, bekam ihn aber nur selten von Ferne zu Gesicht. Dabei hatte sie sich jedes Mal extra seinetwegen besonders hübsch gemacht, kräftig Schminke aufgelegt und ein gewagt kurzes Kleidchen angezogen.

Luise Lennart hatte fast alle seine Schallplatten und CDs in ihrer umfangreichen, nach Erscheinungsdatum sortierten Sammlung. Nur einige wenige Singles aus der Anfangszeit, als Enno Meilen noch ein weitgehend unbekannter Kneipensänger war, fehlten zu ihrem Leidwesen. Drei echte Autogramme, davon zwei auf Schallplatten und eines auf dem Tourneeposter im Büro, nannte sie schon voller Stolz ihr eigen. Wie bei den selbst geglaubten Schwangerschaften ließ sie Wunsch und Wirklichkeit verschmelzen und meinte nach einiger Zeit ernstlich, mit ihrem Idol in glücklicher Ehe verheiratet zu sein, was sie in schmachtender Lyrik auch täglich ihrem verschließbaren, mit rot-geschwungener Aufschrift *Enno* versehenen, aus bewusst treuefarbenem, blauem Lederimitat gebundenen Tagebuch anvertraute.

Das hätte niemals zu einem ernsten Problem werden müssen, auch nicht für den neuen Chef Ulrich Zeik, wenn ihre Traumwelt ihre heimliche Traumwelt geblieben wäre und sie nicht mehr und mehr versucht hätte, in der zu rauen Realität Anerkennung und Erfolg einzuheimsen durch gewaltige, aber stark einsturzgefährdete Lügengebäude. Vielleicht wäre es einfacher gewesen, die schönen Träume der Wirklichkeit anzunähern statt umgekehrt.

27

Der Tod war völlig überraschend gekommen.

Heike Fahrenkrug hatte nach einem Glas ihres Lieblingsweines, dem trocken-würzigen Elsässer Gewürztraminer, beschlossen, ihre Papiere zu ordnen und möglicherweise inzwischen zu teuer gewordene Versicherungspolicen zu kündigen. Und durch günstigere zu ersetzen, schließlich war ihr Job zwar krisensicher, aber das Beamtengehalt nicht üppig. Sämtliche Papiere, sowohl Geburtsurkunden wie auch die erst kürzlich erworbene schriftliche Genehmigung zum Führen eines Dienstfahrzeugs, bewahrte Heike Fahrenkrug in einem sehr kleinen Tresor in der Wohnzimmerwand auf. Hinter einem ebenfalls sehr kleinen, aber teuren nepalesischen Wandteppich.

Dort befanden sich auch die Versicherungspolicen, natürlich alles fein nummeriert, katalogisiert, etikettiert und nach Sparten wie Auto, Krankheit oder Sparen sortiert. Sämtliche Schriftstücke waren korrekt nach Datum abgelegt, es hätte auf den Dokumenten nur noch ein Eingangsstempel wie in der Behörde gefehlt. Beinahe wie damals, als die kleine, rothaarige und sommersprossige Heike völlig selbstzufrieden mit der Kinderpost gespielt hatte. Dabei wusste sie noch nicht, dass es etwas wie Eingangsstempel mit dem Datum des jeweiligen Briefeingangs überhaupt gab. Aber der Gedanke hätte ihr gut gefallen.

Sie hatte die Versicherungsscheine für die Autoversicherung und die Rechtschutzversicherung heraussortiert, den Tresor offen stehen lassen und sich an ihren Wohnzimmertisch gesetzt. Sorgfältig hatte sie die Papiere ausgebreitet. Ohne Anlass sah sie hoch. Beim Anblick des seitlich stehenden, mit Halogenlämpchen und dekorativer, kleiner Vitrine ausgestatteten, hölzernen Weinschränkchens musste sie laut auflachen. Über ihren ehemaligen Amtsleiter Zeik, der ihr sonst nur wenig Anlass zu ausgelassener Heiterkeit geboten hatte. Er hatte sie Knall auf Fall und ohne Prüfung der Situation in ein anderes Amt versetzen lassen, nur weil er glaubte, sie hätte seine Karriere absichtsvoll gefährdet und ihn wegen der Lennart-Sache beim Suchtberater angeschwärzt. Hatte sie zwar nicht, aber sie war doch froh, die *Karawane des Grauens* mit diesem Leiter hinter sich lassen zu können. Auch wenn er ihr diesen einen Lacher geboten hatte.

Kurz nach Bezug der neuen Räumlichkeiten im alten Rotkreuz-Gebäude war festgestellt worden, dass das Amt für Wegebau und Entwässerung Hamburg über viel zu wenige Aktenschränke verfügte.

Zeik, der sich gern als großer Organisator und Regisseur sah, nahm die Sache persönlich in die starken Hände, nahm zusammen mit Hans-Peter Hartleben Maß an Türen und Räumlichkeiten. Dann bestellte er aus den alten Ämtern jene fünfundvierzig Aktenschränke, die nach dem Umzug dort leer zurückgeblieben waren. Sie wurden nach einigen Schwierigkeiten auch per Speditionsfirma angeliefert, konnten aber zunächst nicht verwendet werden. Denn die Gänge im neuen Dienstsitz waren derart schmal, dass die so dringend benötigten Schränke in kein einziges Büro gebracht werden konnten. Wollten die kräftigen Möbelpacker damit um die Ecke in ein solches Büro, stießen sie wegen der Schrankbreite auf der anderen Gangseite so früh gegen die Wand, dass sie die Kurve nicht kriegten und den Versuch aufgeben mussten. Es war beim besten Willen nichts zu machen.

Da standen also dank Zeiks Vermessungskünsten fünfundvierzig leere, graue Aktenschränke in den Gängen und blockierten alles, auch die Zugänge zu den Büros. Alle Mitarbeiter amüsierten sich kaum zurückhaltend über die kapitale Fehlleistung des ungeliebten Amtsleiters. "Passt auf", hatte der Bergmann noch gewitzelt, "der holt gleich einen Tischler und lässt sämtliche Schränke so kleinsägen, bis sie endlich passen!" Seine Zuhörer schlugen sich vor Lachen brüllend auf die Schenkel.

Allein – die Freude währte nur kurz, denn schon am Folgetag kam der Hausmeister, der eine Tischlerausbildung hatte. Er sägte alle fünfundvierzig Schränke so klein, bis sie endlich passten.

Das dauerte drei volle Tage und war ziemlich laut.

Nachdem die zersägten Kleinteile der Aktenschränke in die einzelnen Büros gebracht worden waren, kam der tischlernde Hausmeister wieder. Und leimte die guten Stücke wieder zusammen, bis sie fast wie neu aussahen. Das dauerte noch einmal drei volle Tage, war aber nicht ganz so laut wie das Zersägen.

Seitdem hielt sich Johannes Bergmann mit scherzhaft gemeinten Prophezeiungen bewusst zurück, zu groß war seine Befürchtung, dass sie schnell Wahrheit werden könnten.

Heike Fahrenkrug lachte herzlich über die Erinnerung an fünfundvierzig zersägte Schränke und beugte sich über das Kleingedruckte ihrer Versicherungsunterlagen, dann ließ ein überraschender, aber heftig stechender Schmerz in der Herzgegend sie zusammensacken und riss sie aus dem Leben.

28

Kaum eingetreten, wurde der Suchtbeauftragte und Personalrat von Luise Lennart, die in diesem Moment noch nichts von ihrer Beförderung wusste, fast ehrerbietig begrüßt und aufgefordert, doch auch eine Tasse Kaffee zu trinken. Er sei gerade frisch aufgebrüht und auch der gute von Jacobs, den würde sie nur zu besonderen Anlässen kaufen, und heute sei so ein wunderschöner Tag. Sahne wäre auch da. Der Suchtberater dankte etwas unsicher, nahm Platz und eine Tasse, fühlte sich aber wie in einer anderen Welt angekommen. Einer Welt ohne Draht zum Amt für Wegebau.

Das konnte eigentlich nicht wahr sein, der Bergmann schien recht zu haben.

Nur leider zu spät, alea iacta est, dachte er, die Würfel sind gefallen. Ach nein, korrekt übersetzt bedeutete der lateinische Satz ja nur, dass die Würfel geworfen sind und die Entscheidung noch offen ist, rief er sich seine Lateinkenntnisse ins Gedächtnis, iactare bedeutete werfen und nicht fallen. Hier sind die Würfel leider doch schon gefallen – und ich will schließlich auch noch ein paar Stufen der Karriereleiter erklimmen, so dass ich diese gefallenen Würfel sicher nicht wieder aufheben werde.

An der Stirnseite des Fensters hing ein übergroßes Hochglanzposter vom strahlend lächelnden Enno Meilen in Nietenhosen, sogar mit Original-Unterschrift und Tourneedaten versehen. Andere Kollegen hatten an dieser Stelle über dem Schreibtisch einen Monatskalender mit Drei-Monats-Übersicht hängen, einige sogar fachliche Weisungen mit persönlichen Notizen und Kommentaren am Rand.

Überhaupt wähnte er sich nicht mehr in einem Büro. Mehr wie in einer Konditorei für alte Damen, mit plüschiger Dekoration überall, sogar auf dem bekanntermaßen harten Amtgestühl befanden sich bunte, liebevoll und aufwändig handbestickte Kissen mit Bordüre. Eines der Kissen trug in verschnörkelter Schreibschrift den Text *Sparsamkeit zu jeder Zeit*, ein anderes war mit *Eigener Herd ist Goldes Wert* bestickt. Sogar die Sprüche *Unrecht Gut gedeihet nicht* und *Übermut tut selten gut* waren dabei. Was für ein beschauliches Zimmerchen. Weil sich die behördenüblichen, billigen Arbeitslampen, sie waren mit Leuchtstoffröhren bestückt, nicht dimmen ließen, waren sie mit gelbgemusterten Halstüchern abgedeckt und gaben so ein wärmeres, heimeliges Licht. Es duftete nach Kaffee und Gebäck.

Nichts, aber auch gar nichts erinnerte daran, dass hier eigentlich Akten bearbeitet werden sollten. Auch in diesem Moment nicht, obwohl es Arbeitszeit war.

Drei Kollegen saßen schweigend und etwas betreten dreinschauend um einen festlich mit Damastdecke und brennenden Kerzen geschmückten, ovalen Tisch , knabberten lustlos an trockenen Keksen oder naschten ein Stück Sahnetorte zum teuren Kaffee. Ein Gespräch fand offenbar schon länger nicht statt, eher schien etwas Schweres, Unangenehmes auf den Seelen aller Anwesenden zu lasten. Nur auf der Seele von Frau Lennart nicht, sie hatte sogar farblich abgestimmte, hübsch gefaltete Servietten für jeden vorbereitet. Auf dem Tisch lagen auch noch Kugelschreiber, Feuerzeuge, Kronkorkenöffner und schwarze Baseballkappen mit der Aufschrift *Meilen-Collection.*

Tutiges Wohnzimmerambiente mit musealem Anstrich, das in keiner Weise mehr an ein Büro gemahnte. Vielleicht auch noch nie als solches fungierte.

Der Suchtberater malte sich aus, was wohl eventuelles, informationshungriges Publikum, wenn es denn hier wirklich einmal wegen einer Wegebau-Rechnung erschien, denken mochte. Vielleicht gefiel die familiäre Atmosphäre ja den Leuten, so kamen sie sich wenigstens nicht vor wie in einer dieser verhassten, kalten Amtsstuben, die Angst verbreiteten. Sondern wie in der guten Stube, im Paradezimmer von Oma.

An den Wänden war kaum ein Platz frei, der mit nicht bunten oder schwarz-weißen Enno-Meilen-Reklameartikeln und Fotos bepflastert war. Seinem geschulten Blick entging nicht der mit gelber Pappe zusammengehaltene Sechserpack Bier Marke *Prinzregent Luitpold*, der etwas versteckt neben dem schmalen Kleiderschrank unter einem grobgeflochtenen Picknickkorb stand. Diese Marke kannte er gar nicht, vielleicht aus Bayern? Sollte es auch ein Alkoholproblem geben?

Erst jetzt registrierte er, dass aus dem laufenden CD-Player die letzten Takte von Mendelssohn-Bartholdys Hochzeitsmarsch aus dem *Sommernachtstraum* zu hören gewesen waren. Denn Luise Lennart war behände aufgesprungen, um die CD zu wechseln und Enno Meilens größte Hits Teil 1 aufzulegen. Als die ersten, schrägen Geigenklänge aufjaulten, fasste sich der Suchtbeauftragte endlich ein Herz und bat die Runde um Verzeihung, er müsse Frau Lennart ‚nur kurz' dienstlich unter vier Augen sprechen. Danach könnten sie gern weiterfeiern. Offenbar waren alle froh, dieser geisterhaften Veranstaltung entkommen zu können, griffen ihre Kaffeetassen und Kekse und verließen den Raum eine Idee eiliger, als höflich gewesen wäre.

"Frau Lennart, ich möchte ein schwieriges und ernstes Thema mit ihnen besprechen, was mir angesichts ihrer Feier nicht ganz leicht fallen will..." hörten sie noch, bevor die Tür leise geschlossen wurde.

29

Zwei frustrierte Polizisten hatten die Frauenbeauftragte verlassen, ohne entscheidende Hinweise
erhalten zu haben. Außer vielleicht, dass Heike Fahrenkrugs ehemaliger Kollegenkreis aus vielen ungewöhnlichen Menschen bestand, mit denen sie lieber
nicht täglich Kontakt haben wollten, trotz der reich-
lichen Kaffee-Angebote. Offenbar hatte niemand
nähere, private Beziehungen zur Verstorbenen
gehabt oder gewollt, ein überzeugendes Motiv oder
weitere Anzeichen für eine Gewalttat waren ebenso
wenig auszumachen. Die Ermittlungen zogen sich
einige Wochen hin, sogar die Möglichkeit eines Frei-
todes war erwogen worden, konnte aber nicht erhär-
tet werden. Eine innere Ursache wurde später als
Grund für den natürlichen Tod Heike Fahrenkrugs
in die amtliche Todesbescheinigung eingetragen.
Von den Ermittlungen und dem Ergebnis bekamen
die Mitarbeiter des Amtes für Wegebau und Entwässerung in der Angelegenheit Heike Fahrenkrug
nichts zu hören, auch nicht durch die Kriminalpoli-
zei.

Sie hörten nur ziemlich bald, dass ausgerechnet
Frau Lennart befördert tatsächlich worden war.
Obwohl sie niemals durch Leistungen, sondern ausschließlich durch fachliche Unkenntnis und behaup-
tete Schwangerschaften glänzte. Niemand durfte

über ihre Ehe mit Enno Meilen sprechen oder gar auf der Hand liegende, schäbige Witzchen machen, das hatte Zeik ausdrücklich angeordnet. Weil Luise Lennart der Personalabteilung eine gültige Heiratsurkunde vorlegen und alle unbekannten Verleumder Lügen strafen werde.

Leider hatte der Leiter Ulrich Zeik, im Bewusstsein der eigenen Unfehlbarkeit, die schnell erfolgten Hinweise des Suchtberaters auf ernste Schwierigkeiten Lennarts nur mit halbem Ohr verfolgt und Frau Fahrenkrug für die ‚Petze' gehalten, die alles, was er selbst über das Wesen Luise Lennarts nur geahnt hatte, verraten hatte. Nicht der anstrengende und immer wieder gern verdächtigte Bergmann war sein Schuldiger. Und so war Frau Fahrenkrug gewissermaßen versehentlich ohne Begründung und viel Federlesens in ein weit entferntes Amt versetzt worden – Problem gelöst!

Zeik war überhaupt nicht auf den für Außenstehende nahe liegenden Gedanken gekommen, das Problem bei der Wurzel zu packen, obwohl Luise Lennart mittlerweile für jeden offensichtlich im Dienst nicht verwendbar und psychisch gewaltig gestört war. Zwar hätte er ihr auch nicht helfen können, denn ein Seelendoktor war er gewiss nicht. Seine einzige Sorge galt aber dem eigenen Image, insbesondere weiter oben in der Hierarchie. Was hätte es für einen verheerenden Eindruck gemacht, wenn ausgerechnet er dafür verantwortlich zeichnete, dass die denkbar ungeeignetste Person befördert worden war. Zeik hatte es noch niemals geschafft, gemachte Fehler vor sich selbst einzugestehen. Vor anderen, womöglich Höhergestellten, wäre ihm das erst recht nicht möglich gewesen. Er hätte sich wieder so ohnmächtig wie damals an der Kaffeetafel seiner Mutter gefühlt, die vor den Nachbarinnen allzu Peinliches aus seiner frühkindlichen Phase zum Lachen freigab. Butzi will nicht spielen.

Als Bergmann Zeiks schwierige Persönlichkeit, sein durchsichtiges Funktionieren und die ungerechte Strafaktion gegen Heike Fahrenkrug sehr spät begriffen hatte, wollte er gern noch einmal mit Feuerköpfchen sprechen und ihr die Situation, die ja er persönlich in Wirklichkeit verschuldet oder wenigstens ausgelöst hatte, zu erläutern. Um sich besser zu fühlen. Er war derjenige, der wegen bösartiger, unentschuldbarer Einschaltung des Suchtberaters hätte versetzt werden sollen. Aber wegen ihres unerwarteten Ablebens gab es keine Gelegenheit mehr zu einem erlösenden Gespräch. Ein Grund mehr für Johannes Bergmann, seiner Gitarre melancholische Töne zu entreißen.

Die Polizei meldete sich auch nicht wieder, Feuerköpfchen schien doch eines natürlichen Todes gestorben zu sein. Auf Nachfrage gab das zuständige Kommissariat an Nichtverwandte keine Auskunft, hier funktionierte der Datenschutz offenbar.

30

Knapp zwei Jahre nach Luise Lennarts Hochzeitsfeier sprach Bergmann zufällig mit dem Polizisten Polzer, wenn auch zunächst wegen dessen priva-
ter Grundstücksangelegenheit.

Polzer hatte mittlerweile eine kleine, vermietete
Eigentumswohnung im Hamburger Bezirk Rahl-
stedt geerbt, und nicht sämtliche Sielbaubeiträge
waren vom Voreigentümer bezahlt worden, es gab
Klärungsbedarf. Sein Polizistengehalt war nicht so
großzügig bemessen, dass er die fälligen Beträge auf
einen Schlag hätte bezahlen können, wie es nach
einer Erbschaft eigentlich vorgeschrieben war.
Zudem war die geerbte Wohnung noch mit einer
durchaus nennenswerten Grundschuld belastet.

Bergmann war freundlich und hilfsbereit, gewährte
Ratenzahlung über mehrere Jahre und erwähnte,
dass Herr Polzer sich freuen solle, weil ein solches
Entgegenkommen beim alten Chef sicher nicht
möglich gewesen wäre.

"Ach ja", erinnerte sich Polzer, "der Herr Zeik, das
war ja ein recht zackiger und verschlossener Bursche
damals. Kam aus Bayern, wenn ich das richtig ent-
sinne. Wirkte beinahe verklemmt. Aber an der Sache
mit der toten Kollegin war ja sowieso nichts dran,
die war ja einfach umgefallen, Sekundenherztod.
Wie läuft es denn hier inzwischen so?"

Das hätte er besser nicht so unbefangen gefragt, denn Bergmann lag die ganze bittere Geschichte noch schwer auf der Seele und er schüttete sein Herz aus, als hätte er eine derartige Gelegenheit lange entbehren müssen.

Frau Lennart hatte nach ihrer leistungsunabhängig erlangten Beförderung tatsächlich bei der Personalabteilung eine schöne Heiratsurkunde vorgelegt. Es war, für eine ehemalige Standesbeamtin kein sehr großes Problem, bloß eine gut gemachte Fälschung gewesen, wie sich dann doch nach wenigen Tagen herausstellte, und nach weiteren sechs Wochen war Frau Lennart stillschweigend und ohne Konsequenzen für den Verursacher Zeik in eine andere Behörde versetzt worden.

Geholfen hatte ihr aber niemand. Wohl nicht einmal der Gedanke an Enno Meilen.

Wenigstens durfte sie ihr durch die Beförderung erhöhtes Gehalt behalten. Denn einer Beamtin auf Lebenszeit konnte man eine selbst auf diese Weise erreichte Lohnerhöhung nicht wieder streitig machen, mochten die Gründe für eine Beförderung auch noch so abstrus gewesen sein. Dafür gab es sogar Fachausdrücke im Beamtendeutsch, sie lauteten ‚Besitzstandswahrung' und ‚Vertrauensschutz'. Aber diese Vorschriften kannte der Polizeibeamte Polzer auch.

Im Amt selbst hatten die Mitarbeiter in den folgenden Wochen und Monaten mit Vehemenz getan, was der Chef so ungestüm wollte und was Frau Fahrenkrug und er selbst, Bergmann, immer angeprangert und für falsch gehalten hatten. Sämtliche Mitarbeiter des Amtes für Wegebau hatten tausende teurer Bescheide abgeschickt und sehr, sehr viel Geld mehr hereingeholt, als Zeik für möglich gehalten und sich überhaupt erhofft hatte. Alle waren über die großartigen Leistungen überaus erstaunt, denn man dachte bis dahin im Konsens, im Amt für Wegebau säßen ausschließlich Versager und Verrückte. Weisungsgemäß hatten die mutmaßlichen Versager und Verrückten auf jeden Schnörkel und unnötige Nebenarbeiten verzichtet. Billige Anliegerbescheinigungen, die über die Höhe der zu erwartenden Wegebaukosten informiert hätten, waren nach Eingangsdatum sortiert worden und auf einem großen Haufen liegengeblieben. Schnörkel eben.

Die viele hereingeholten Finanzmittel hatten Zeik zu einem Star werden lassen und ihm zu einer blitzschnellen Beförderung fort vom Amt für Wegebau verholfen, er erschreckte inzwischen die Mitarbeiter in der Personalabteilung mit formelhaften Forderungen nach weniger Sozialklimbim und mehr Effizienz, wie er sie verstand.

Und er gierte den weiblichen Auszubildenden hinterher, so sie denn kurze Röcke statt langer Doppelnamen trugen.

Sein Nachfolger, ein altgedienter Beamter, hatte die Folgen im Amt für Wegebau auszubaden und trug noch immer schwer an ihnen. Denn wegen der

nicht erledigten, vielzitierten Schnörkel und Nebenarbeiten hatten alle Beamten mit Widersprüchen der
Hausbesitzer zu tun und konnten mangels Zeit keine
neuen Bescheide fertigen und folglich kein neues
Geld mehr hereinholen. Zudem gab es enorme
Schadenersatzforderungen wegen der ausgebliebe-
nen Fertigung von Anliegerbescheinigungen, viele
Hauskäufer sahen sich plötzlich mit überraschend
hohen Forderungen konfrontiert, von denen sie
mangels Information nicht wissen konnten, denn die
angeforderten Bescheinigungen hatten sie nicht
erhalten. Dementsprechend schlecht war die Statistik des neuen, eigentlich am nun erst sichtbaren
Desaster schuldlosen Chefs. Auf Anerkennung oder
gar Beförderung brauchte der niemals mehr zu hoffen und ließ den Frust darüber natürlich an seinen
Untergebenen aus. Mindestens drei Jahre würde es
dauern, die Versäumnisse aus der relativ kurzen
Zeik-Zeit aufzuholen und die angehäuften Rück-
stände abzuarbeiten.

Frau Sebmann-Wicht widmete sich immer noch
engagiert der Frauenpolitik und versuchte diverse
neue Diäten, allerdings trotz ihres Geschlechts ohne
Aussicht auf eine Beförderung und nicht mehr im
Amt für Wegebau und Entwässerung Hamburg.

"Und stellen sie sich das vor", fuhr Bergmann fort,
"jetzt wurde unser lange fehlerfrei funktionierendes
Computersystem abgeschaltet und von einen Tag
auf den anderen gegen ein neues, teures, nicht funktionierendes ausgetauscht. Hier geht nichts mehr!

Wir könne keine Zahlungen verbuchen! Die Leute kriegen Mahnungen ohne Ende, obwohl sie schon lange überwiesen haben. Und letzte Woche ...", Bergmann hätte noch stundenlang weitererzählen können, bemerkte aber den völlig verständnislosen, leicht gelangweilten des Polizeibeamten und beließ es dabei. Manche Dinge konnte man niemandem erklären, ohne als fieberkrank Halluzinierender angesehen zu werden.

Er würde am heutigen Abend noch lange auf seiner Gitarre spielen. Sehr lange.

31

Spaniens Gitarren waren deutlich zu vernehmen, als sie sich zum Speisen bei *El Pulpo* in der Wandsbeker Zollstrasse in Hamburgs Osten einfanden. Allerdings wurden diese Gitarren wie immer von den *Gipsy Kings* gezupft, welche eigentlich aus Frankreich stammten, und die Küche war wohl auch mehr portugiesisch als spanisch angehaucht.

Die mittlerweile als Frauenbeauftragte einer Grundsatzabteilung der Finanzbehörde tätige Petra Sebmann-Wicht ging mit einem gutaussehenden und wohlerzogenen Mann, der ihr mit geübt-galanter Geste die Tür aufhielt, zum Essen aus.

Auffällig im Restaurant war zunächst eine üppige Fischtheke, die durchaus an solche der kanarischen Inseln erinnerte - alles sehr frisch und auf Eis, gewissermaßen eine Angebotskarte in Naturalien. Überhaupt war die reale Speisekarte - nicht überraschend - sehr fisch- und meeresfrüchtelastig. Manche Gerichte, wie Schwertfisch in Bananensauce, erinnerten denn auch eher an die kanarische Küche.

Man saß gepflegt und nicht unbedingt bequem an recht massiven Eichentischen, schnell kam der Kellner angesprungen und überreichte die Speisekarte. Die Augen der anderen Gäste ruhten auf dem ungewöhnlichen Paar und ihren Blicken war anzumerken, dass sie sich wunderten, weshalb so ein Bild von einem Mann Vergnügen daran fand, mit einer derartigen Tonne essen zu gehen. Dunkles, leicht gewelltes und wohlfrisiertes Haar, braungebrannt, schlank und in eine edle Sommerkombination aus grauer Stoffhose und dunkelblauem Sakko gekleidet. Ein edles, blaues Kostüm mit schmalen Längsstreifen und Halstuch hatte auch Petra Sebmann-Wicht angezogen, allerdings konnte das geschickt gewählte Outfit ihre matronenhafte Erscheinung kaum kaschieren.

"Ähm.. Petra, was sehe ich, es gibt die seltenen Schwertmuscheln als Vorspeise, die sollten wir versuchen", freute sich der schöne junge Mann mit Vornamen Thomas, aber leider, wurde ihm vom Kellner bedeutet, seien die gerade nicht vorrätig, weil der Chef nur das beste kaufe und die Ware heute nicht so toll gewesen sei. Also wurden neuseeländische Grünschalmuscheln in Tomaten-Zwiebelsauce als Vorspeise geordert, die waren vorrätig und tatsächlich sehr lecker. Vorneweg gab es netterweise Brot sowie ein paar kleine Tiefseegarnelen mit einer gelungenen Knoblauchsoße, eine kundenfreundliche Geste.

Petra Sebmann-Wicht hatte immer und auch ungefragt behauptet, schon deswegen nur mit Mühe an Gewicht verlieren zu können, weil Essen-Gehen für sie ein gesellschaftliches Ereignis sei. Weil sie sich mit Freunden oder befreundeten Frauenbeauftragten immer zum Essen in besseren Lokalen der gehobenen Küche treffen würde. Ein Argument, dem niemand etwas entgegensetzen konnte, außer vielleicht dem wohlmeinenden Rat, gelegentlich nur bunten Salat oder eine Suppe zu bestellen.

Tatsächlich gab es die wolkig umschriebenen gesellschaftlichen Ereignisse nicht, vierteljährlich gab es ein sogenanntes Arbeitsessen mit Kolleginnen und ansonsten seltene Besuche beim Billig-Italiener um die Ecke mit ihrer Mutter.

In ihrer Verzweiflung hatte sie das getan, was ihr der ehemalige Chef Zeik im Stillen immer hämisch als letzten Weg empfohlen hatte: Sie hatte sich eine Begleitung von der Firma *Escort57* gemietet, eben diesen atemberaubenden Thomas. Viel, sehr viel Überwindung kostete sie das und sehr viele Euro pro Stunde. Und einladen musste sie ihn auch. Aber was sollte sie sonst mit ihrem Geld machen? Sparen? Wie damals die dauerschwangere Luise Lennart-Meilen? Sparsamkeit zu jeder Zeit?

Thomas was wirklich ein Frauenschwarm, so einen Mann hatte sie sich schon immer gewünscht. Leider sah er hauptsächlich gut aus, mit Intelligenz, Bildung und Schlagfertigkeit war es nicht so weit her. Aber einige auswendig gelernte Sätze konnte er wie spontan bieten und man duzte sich der Einfachheit halber. "Das Leben ist lang, kurz ist die Liebe!", versuchte er sich lächelnd an einem Chiasmus, den er in einem Rhetorik-Kurs in der Volkshochschule gehört hatte und fragte dann nach, was sie denn beruflich so auf die hübschen Beine stelle.

"Das ist eine lange Geschichte", antwortete sie geschmeichelt lächelnd und versuchte, ihre übliche Krawall-Lautstärke zu dämpfen und ihr Doppelkinn durch Kopfhochhalten unsichtbar zu machen, "ich bin Arbeitnehmervertreterin bei der Finanzbehörde." Angesichts gewährter, wenn auch bezahlter männlicher Aufmerksamkeit wollte sie nicht wie eine männerhassende Emanze dastehen, erzählte aber ansonsten freimütig und halbwegs wahrheitsgetreu von ihrem Werdegang, unterbrochen vom mittlerweile servierten, wohlduftenden Essen.

Als Hauptgericht hatten sie Seeteufelfilets in Pfeffersauce mit Gemüse gewählt, das war sehr frisch und lecker und die Gemüsebeilage war nicht totgekocht. Sämtliche Gerichte bereiten die wendigen und auch nicht unansehnlichen, sonnengegerbten Köche auf einem überdimensionierten Holzkohlegrill zu, die Speisen waren auf den Punkt gegart und die Sauce trennte sich nicht in Wasser und feste Bestandteile. Filet war wirklich Filet, sie mussten nicht auf Gräten herumknubbern. Satt wurde zumindest Thomas.

Am Nebentisch wählte man einen Eintopf aus Fisch und Meeresfrüchten und zeigte sich ebenfalls sehr zufrieden, allerdings hatte die dort allein sitzende junge Dame mit Hummerzange und ähnlichem doch ziemlich zu kämpfen und schien Petra Sebmann-Wicht sowohl das Filetstück auf dem Teller als auch das im blauen Sakko auf dem Stuhl zu neiden. Allein das Spüren dieser Missgunst war das viele Geld wert gewesen.

Nachtisch gab es auch, und am liebsten hätte die Frauenbeauftragte ihren schönen Lover als Betthupferl gehabt. Das wäre nicht im Preis enthalten gewesen, und sie schämte sich sowieso wegen ihrer Figur, wegen ihrer Unerfahrenheit. Den letzten Mann hatte sie vor zwölf Jahren in den Armen gehabt. Aber jetzt malte sich düster aus, was für tolle Frauen diese Sahneschnitte von Mann bereits kannte und wie schlecht sie im direkten Leistungsvergleich abschneiden würde. Und verzichtete auf den verlockenden Gedanken.

Hinter ihrer großen Klappe und ihrem dicken Panzer war sie nur eine ganz, ganz kleine Petra.

Sie entschieden sich, wenn schon beim Spanier, für einen Flan, eine Puddingspezialität. Der war nicht unlecker, nicht zu süß oder labberig und badete in einer schwarzen Karamellsauce. Sahne einfachster Qualität aus der Sprühdose mit künstlichem Vanillingeschmack störte den guten Eindruck leider und war geschmacklich daneben bis desaströs. Die Weinauswahl war klein und sehr spanisch, sie entschieden sich für einen bewährten weißen, fast goldschimmernden Marques de Riscal aus dem Vorjahr - ein sehr gefälliges Tröpfchen und ganz nach dem Geschmack der beiden. Weingenuss machte Petra

Sebmann-Wicht zwar immer traurig, aber auch etwas gesprächiger.

"Ich wollte sogar schon mal heiraten und wir hatten ein Haus zu bauen begonnen", berichtete sie wehmütig, "doch dann hat er sich vom Acker gemacht. Obwohl er gar keine Neue hatte."

Thomas tröstete sie verständnisvoll. "Männer sind eben zuweilen unberechenbar, äh... Petra!"

Da konnte sie nur zustimmen.

Noch schlimmer waren Kerle in Führungspositionen, die Frauen nur nach optischen Gesichtspunkten beachteten oder beförderten, wie sie es selbst im Amt für Wegebau hatte bitter erleben müssen. Widerlich, wie der Zeik jede Frau mit den Augen auszog. Nur sie nicht. Und sie fühlte sich inzwischen völlig allein: Im Amt für Wegebau hatte es zwar viel Ärger gegeben, viel Unmut wegen seltsamer Anweisungen und ungerechter Beförderungen, aber sie hatte wenigstens noch einige Quasi-Vertraute, mit denen sie sich gemeinsam über den Chef oder ihre wirkungslose Eierdiät aufregen konnte. Im neuen Amt für Grundsatzangelegenheiten kannte sie niemanden, so dass ihr ein Kollegenbesuch selbst dann recht gewesen wäre, wenn dieser Besuch nur einem unbekleideten Mädchen in einem gegenüberliegenden Haus gegolten hätte.

Das erzählte sie dem teuren Thomas jedoch nicht, sondern verfiel auf die sattsam bekannte Idee, ihre langjährige Unbemanntheit mit ihren hohen Ansprüchen an einen möglichen Partner zu erklären. "Ich kann ja nun nicht den nächstbesten Bauarbeiter-Prolo von der Straße nehmen", sagte sie so laut, dass sich die hummeressende Dame am Nebentisch ein Grinsen nur mit äußerster Anstrengung verkneifen konnte. Und so eine Mutter-Kind Ehe, wie sie ihr ehemaliger Kollege und Cola-Liebhaber Hans-Peter Hartleben einzugehen verpflichtet worden war, wollte sie auch nicht. Thomas zeigte Verständnis, "Du hast recht, äh... Petra, man sollte schon zusammen passen und gemeinsam Freude an Theaterbesuchen oder an anderen Hobbys, zum Beispiel Kochen, haben", versicherte er eifrig. Bei der Erwähnung des Wortes Kochen schaute Petra Sebmann-Wicht sofort misstrauisch auf, weil dieser Begriff, genau wie ‚Essen' in Zusammenhang mit ihrem Namen normalerweise nur in abfälligen, verletzenden Scherzen Verwendung fand. Sonnyboy Thomas schien jedoch frei von Arglist zu sein und lächelte sie charmant an. Ob sie heute Nacht vielleicht doch... mit kritischem Blick auf ihre Wampe wischte sie den verlockenden Gedanken beiseite. Der Abend sollte nett sein und nicht peinlich enden.

Die Aufmerksamkeit des etwas hektischen Personals war nicht ganz so, wie die beiden sich das erträumten, denn Wein musste äh-Petras Begleiter schon selbst nachschenken und es dauerte zwanzig Minuten, bis sie jemanden auf ihren Zahlungswunsch aufmerksam machen konnten.

Antwort: Kollege ist zuständig - und der kam dann tatsächlich nach weiteren zwanzig Minuten, obwohl die Restauration nicht einmal zur Hälfte besetzt war.

Die Stimmung ließ etwas nach, so sehr innig und aufregend wie in der Phantasie war ein gemieteter Mann leider doch nicht, stellte die Frauenbeauftragte sinnierend fest. Zumal der schöne Thomas trotz unbestreitbarer äußerer Attraktivität seltsam hohl und hölzern wirkte.

Ohne es zu wissen, fühlte sie sich genauso unbefriedigt wie damals Amtsleiter Zeik nach dem Besuch der Hallo-Mein-Schatz-Schmusekatze inklusive Gummitütchen und Waschgang.

Sie zahlte endlich die Rechnung, das ungleiche Paar erhob sich und verließ unter den bekannten Klängen der *Gipsy Kings* das Restaurant. "War ein netter Abend", sagte sie zu Thomas auf dessen noch unausgesprochene Frage, ob er sie nach hause begleiten solle. Er verabschiedete sich mit einem sanften Kuss auf die Wange, weil sie ihren schnell Mund abgewandt hatte. Einen richtigen Kuss konnte sie nicht zulassen, sie hätte den gutaussehenden Galan sonst wohl doch noch lüstern mit ins heimische Lager geschleppt. Er winkte noch einmal, warf ihr eine Kusshand zu, stieg in seinen blauen Wagen vom Typ Alfa Romeo und verschwand aus ihrem Blickfeld. Zahlen musste sie nicht mehr, die Firma *Escort57* hatte, wie bei derartigen Dienstleistungen üblich, auf Vorkasse bestanden.

Irgendetwas läuft falsch, dachte sie. Komischerweise gibt es niemanden, an dem ich nichts auszusetzen habe. Richtige Freunde oder einen Mann fürs

Leben finde ich auch nicht. Und werde immer dicker und dicker und dicker. "Bin ich ein Geisterfahrer, der auf der falschen Fahrbahn fährt und alle entgegenkommenden Fahrzeuge für hirnverbrannte Geisterfahrer hält?" fragte sie sich selbst laut und beklommen, nachdem sie ihre Masse in den kleinen, aber in der Stadt praktischen Ford Fiesta gequält und den Weg zum männerfreien, einsamen zuhause eingeschlagen hatte.

Gleich Morgen wollte sie alles ändern. Eine gnadenlose Diät machen, nicht mehr so polterig sein. Einfach alles ändern. Man wusste ja auch nie, wie lang die verbleibende Lebensspanne noch war, siehe das kurze Dasein der rothaarigen Heike Fahrenkrug, dachte sie. Das Leben will genossen sein.

Sometimes it's hard to be a woman, plärrte ein altes Country-Stück aus dem Autoradio. Als die Sängerin Tammy Wynette dann auch noch den Refrain *Stand by your man* sang, wählte Petra Sebmann-Wicht einen winzigen Umweg. In ein kleines, bekanntes Schnellrestaurant, denn sie verspürte nach dem anstrengenden Abend, den vielen schwerwiegenden Gedanken und dem wirklich nur winzigen Appetithäppchen beim Spanier ein deutliches Hungergefühl. Aber sie hielt sich wegen ihrer guten Vorsätze zurück, aß nur zwei Burger, einmal Chicken-Nuggets, einmal große Pommes mit Ketchup und Mayonnaise und trank einen großen Milchshake mit Schokoladengeschmack.

32

Sofort nach Feierabend nahm Bergmann sich seine Lieblingsgitarre, die alte, verkratzte elektrische der Marke Fender, die ihm seinerzeit jenes Strafverfahren eingebracht hatte, das er heute mehr wie einen verdienten Orden betrachtete. Als echte Auszeichnung ansah. Aber so recht konnte ihn und sein Herz das an Freejazz erinnernde Gezupfe nicht erfreuen, zu viele Gedanken über das Leben, sein Leben und das hinter heiterer Fassade liegende Unglück anderer, auch das Frau Lennarts, gingen ihm durch den Kopf.

Wir haben das Thema Leid einfach nicht mehr auf der Tagesordnung, dachte er, jeder wollte wie in der Reklame für löslichen Kaffee den Genuss sofort. Er selbst auch, denn schließlich hatte er nur dumme Witze über die Stuhlkissenschwangerschaften Lennarts gemacht, allerdings ohne die ganze Problematik dieser kranken Frau zu überblicken. Er empfand die verrückten Verhaltensweisen Zeiks und Lennarts schlicht als würdelos und meinte in diesem Moment gut verstehen zu können, weshalb manch einer zum Alkoholiker oder Spieler wie Hans-Peter Hartleben wurde, um sich solche hehren und depressiven Gedanken vom Hals zu halten.

Psychische Auffälligkeiten wie bei der Lennart erschienen ihm geradezu als unerwünschtes Abfallprodukt der Zivilisation, die ein ständiges besser, schneller und gesünder vorgaukelte.

Alle um ihn herum waren offenbar derart trunken von der Hoffnung auf Besitz und dauerhaftes Glück, dass für Unglück oder Leid kein Raum mehr im kommerziell geprägten Weltbild vorhanden war. Besoffen wie sein damaliger und glücklicherweise inzwischen wieder weit entfernt Beamte drangsalierende Amtsleiter Zeik, der jeden noch so begründeten Zweifel an seiner Kurzzeit-Vertrauten bewusst auf die Seite geschoben und ignoriert hatte.

Bergmann fühlte sich niedergedrückt und erging sich in tiefschürfenden Gedanken, die ein zusammenhängendes Gitarrenspiel für den Moment nicht mehr ermöglichten, es blieb bei vereinzelten, nachbarfeindlich-lauten Klimpertönen.

Er dachte an sein eigenes Leben, an seine eigene Patchwork-Familie. Zwei Töchter hatte er mit zwei Frauen, und er selbst lebte dennoch allein in seiner blassgelb gestrichenen Zweizimmerwohnung. Vielleicht sollten sich nicht nur andere Gedanken machen und ändern, vielleicht sollte er bei sich selbst beginnen, nahm er sich vor. Würde nicht leicht werden.

Eine gerissene, sich mit jaulendem Ton verabschiedende Gitarrenseite holte ihn in die Realität zurück.

Ist schon seltsam, dachte er: Im Zweifel werden überall alle Probleme weggeschoben, statt einer Aussprache und Diskussion habe ich mich von meiner Frau scheiden lassen. Nur weil sie statt Ehe und Kind plötzlich Musik und Tanz wollte und ich das anders sah. Sie hatte aber auch eine süße Figur! Allein der Gedanke ließ sündige Wünsche entstehen. Bergmann wischte sie unwillig weg.

Und im Amt das Gleiche. Über Lennarts Probleme gab es keine Gespräche, die Frau hat man einfach weitergereicht. Feuerköpfchen auch, ohne überhaupt etwas zu prüfen oder zu fragen. Offenbar hatten Probleme wie die Wahrnehmungsstörungen Luise Lennarts ein wesentlich schlechteres Image als ein in Ehren gebrochener Arm, früher kamen solche Leute wohl noch in Irrenanstalten. Auch die Behörde hatte Hilfen nur für Menschen mit rein körperlichen Gebrechen, die sicher unglückliche Luise Lennart wurde nur von einem Amt ins andere geschoben.

Was mochte Zeik nur an der unansehnlichen, unattraktiven Lennart gefunden haben? Entweder war er ausgesprochen pervers, oder sie hatte ihm Dinge versprochen, von denen Männer sonst nur träumen können. Es war schon seltsam, die beiden hatten sich vielleicht nur deswegen voneinander angezogen gefühlt, weil sie ein ähnlich kindliches und unreifes Gemüt ihr eigen nannten.

Natürlich war er, Bergmann, es in seinem Übermut selbst gewesen, der den Feldstecher im Büro der Frauenbeauftragten als Falle für seinen Chef Zeik in das Stempelkissen gedrückt hatte, gegen den Rat der Kollegen. Die hatten zwar seine Idee ausgesprochen spaßig gefunden und sich schon beim bloßen Gedanken an einen blaugefärbten Chef köstlich amüsiert, die Umsetzung mangels Erfolgsaussichten aber für eine weniger gute Idee gehalten. Der Erfolg mit dem blaugesichtigen Leiter war dann aber noch lange Jahre Kantinengespräch, nur Freunden außerhalb des Amtes konnte Bergmann die Geschichte nicht erzählen. Sie war zu unglaubwürdig.

Möglicherweise hätte er selbst den Zeik als krank akzeptieren sollen, aber als kleiner, unterbezahlter Sachbearbeiter wollte er eigentlich kein dauerbetroffener Gutmensch sein und lieber mal über einen richtig niederträchtigen, bösen Scherz lachen können. Bergmann fragte sich, ob nicht auch sein ehemaliger Chef nur deswegen so ein unerträglicher Mensch war, weil er seinen Weg oder sein Glück noch nicht gefunden hatte. Und an der falschen Stelle suchte.

Vielleicht sollte er darüber eines Tages einen traurig-schönen Gitarren-Blues schreiben. In englischer Sprache würden sich die trübsinnigen Gedanken vielleicht auch nicht so verboten pathetisch anhören.

Er ahnte, dass alle zu unkündbarer Beamtentätigkeit im Amt Verdammten langfristig ebenfalls zu würdelosen Figuren werden würden. Sich selbst schloss er in diese Ahnung ein.